尉鹏阳 著

中国行政模式的特征

一种整体主义视角

THE CHARACTERISTICS OF ADMINISTRATIVE MODE IN CHINA

FROM A HOLISTIC PERSPECTIVE

社会科学文献出版社

SOCIAL SCIENCES ACADEMIC PRESS (CHINA)

摘　要

　　什么是行政模式？能否对行政模式进行系统的理论建构？国内很多学者试图将国外的公共行政理论应用于中国实践，但遇到了环境、历史、文化等因素带来的诸多困难。近年来很多学者也注意到了中国行政理论研究的特殊性，并致力于扎根中国土壤，使研究体现中国气派。本书基于整体主义的视角从行政文化、行政组织、行政行为、行政机制几个方面对中国行政模式进行建构。本书认为所谓行政模式是一国政府在其历史文化环境下形成的，为了实现政府的经济、政治、文化、社会等职能，在政府的行为过程中融合行政文化、行政组织、行政行为和行政机制的总和。在这个概念中，行政文化是行政模式的核心和灵魂，行政组织是行政模式的表现形式，行政行为是行政主体的外在表现，行政机制是行政模式正常运行的前提和关键要素。

　　西方语境和中国语境下的整体主义都体现了处理整体和部分关系的原则和倾向，但二者又不完全一致，原因是两种整体主义的本体论不同。西方整体主义持"实体本体论"观点，他们认为人类社会和宇宙的本源是一个实体。从这种本体论推演出的整体主义虽然重视整体的作用，但是建立在对个体性质和特征认识的基础上，并没有完全摆脱"个人主义"的影子。而中国的整体主义持一种"关系本体论"观点，这种本体论认为世界起源于不断变化的关系性假设——"道"。在关系本体论的影响下，中国整体主义在方法论上对万事万物的理解都是通过"关系"，而非"个人"。个人的完善必须通过社会，个人完善自己的方式是"修身养性"，道德成为调节个人和社会关系的重要手段，将"道德"引入关系使本体论和价值论事实上成为一个问题，也就是说，应在和存在成为同一问题。在此基础上，进一步提出整体主义的方法论，并且以此构建中国的行政模式：行政文化中整体主义特征的形成经历了对宇宙和世界的终极认识，以及由天理向伦理延伸的两个阶段。传统行政文化中的整体主义特征决定了行政管理的路径选择以及行政管理过程中重视"德治"的观念；中国行政组织的整体主义特征是中央集权和行政层级繁多，中国复杂的国情和集权的需要使行政组织中出现行政层级和行政幅度、分权和放权两大矛盾，中国的巡视督察制度就是调解这种矛盾的机制；在整体主义文化影响下，行政人员的行政动机、价值观都体现出相应的特征；整体主义行政模式中，除了行政文化、行政组织、行政行为，还有维护行政系统运转、保持组织稳定的行政机制，行政机制包括激发行政人员潜能的激励机制、保障权力运作的保障机制以及控制权力方向的控制机制。

关键词：整体主义　行政模式　行政文化　行政组织　行政行为行政机制

Abstract

What is the administrative mode? Can we construct the theory of the administrative mode? Many scholars tried to draw lessons from foreign in practice of public administration theory, but met many difficulties brought from environment, history, culture and other factors. In recent years, many scholars have noticed the particularity of Chinese administrative theory research, dedicated to study in Chinese style. In this paper, I based on the perspective of holism from administrative culture, administrative organization, administrative action, administrative mechanism to construct China's administrative mode. This paper argues that the so-called administrative mode is in the process of government running mix administrative culture, administrative organization, administrative behavior and administrative mechanism together. In this concept, the administrative culture is the core and soul of administrative mode; Administrative organization is the form of administrative mode; Administrative action is external manifestation of administrative subject; Administrative mechanism is the premise and key elements of administrative mode's normal operation.

The context of western and Chinese holism are embodies the principle and tendencies of processing relationship of part and the whole, but are not completely consistent, the reason was that the two kinds of holism's ontology is different. View of Western "entity ontology" thinks the human society and the origin of the universe is an entity. From the ontology, although western holism attaches great importance to the effect of the "whole", but builds on the basis of the understanding of individual character, has not completely get rid of the shadow "individual-ism". China's holism have a kind of relational ontology. The ontology thinks the world originated from the changing relational assumption called "dao". Under the influence of relational ontology, the Chinese understanding of everything on the methodology of holism is through "relationship", not "individual". The improve-ment of the individual must grow through the social and the way is to "cultivate one's morality raises a gender". The moral becomes an important means of regula-ting the relationship between individual and society. The "moral" has brought into the relationship allowing ontology and axiology in fact become a problem, that is, "ought to be" and "to be" become the same problem. On this basis, I further proposed methodological holism and in order to build China's administra-tive pattern: The formation of holism feature in administrative culture experi-enced two stages: the ultimate understanding in universe and the world to ethics extending. Traditional administrative culture holism characteristics determine path selection and importance of "virtue" to the administration. Holism of administra-tive organization structure is characterized by various levels. History proves that these two contradictions triggered the collapse of the administrative system many times. How to deal with these two contradictions is the precondition of maintaining the stability of administrative mode. Patrol supervision system in China is the reg-ulating mechanism of this kind of contradiction. In holism administrative mode, the administrative personnel, personnel values, personnel's motivation also has the holism characters. Besides administrative culture, administrative organiza-tion, administrative action, mechanism of administrative keep stable and main-tenance of organization. Administrative mechanism including incentive mecha-nism, the control mechanism, the incentive mechanism, the guarantee mecha-nism and mobilization mechanism.

Keywords: Holism; Administrative Mode; Administrative Culture; Ad-ministrative Organization; Administrative Behavior; Administrative Mechanism

目 录

前　言

第一节　研究背景

公共行政学在中国发展的时间并不长，而且在全世界范围内，西方的公共行政理论特别是美国的行政理论始终在话语权上居于主导地位，所以导致许多学者在中国行政模式的研究中，不仅在语言和研究方法上，甚至在理论和范式上都不自觉地依赖西方的研究路径。任何一种理论的最终目的都是要指导实践，实践功能是理论的内在规定性，行政模式的研究也不例外。作为一个发展中国家，中国的行政制度和实际的行政运作过程都具有自身的特殊性。这种特殊性决定了"西方模式"不能完全解释中国行政中出现的现象，不能完全解决中国行政中出现的问题。改革开放以后，我们面临许多新的问题，诸如府际关系、党政关系、中央和地方关系、政府和市场关系、公共行政的道德责任和公共政策制定等问题。基于这些问题，我们正在进行历史上最大规模的行政改革，而行政结构的实际变革也必然会影响行政模式理论的建构。

2004 年，自温家宝总理正式提出"建设服务型政府"以来，不仅实践中掀起了服务型政府的改革热潮，学术界也展开了建设"服务型行政模式"的理论探讨。但是，很多"理论研究工作者往往错误地到西方去寻求建立服务型政府的经验，提出了许多荒唐的意见和建议"。如果将行政实践中的新变化纳入旧有的行政模式解释框架中，势必会制约行政改革的进一步推进。

因此，如果要研究中国问题，解决中国问题，就要"把精力集中到中国的生态环境和中国公共行政实践的研究上来。使行政学研究深深扎根于中国的土壤，研究和解决中国的问题，体现中国特色和中国气派"①。在接纳、吸收世界先进的公共行政理论和实践经验的基础上，发展和创新统一的、连贯的行政语言，建构能够说明、解释自身发展问题和指导改革实践的行政模式理论，而不是被动地、消极地、教条地用西方的思维逻辑和理论范式来为中国的行政发展做注释。因为，我们的社会发展并没有达到和西方国家相同的能力水平，如果贸然地完全照搬西方的行政理论，即使"我们建立起了健全的管理行政模式，它也只是一种次生形态，而不是西方国家所拥有的那样一种原生形态的管理行政。这种次生形态的管理行政能否领导中国在国家间的竞争中长期保持优势？……对此，可能要画上一个大大的问号"②。

因此，如果当一种理论无法解释新的社会现象时，我们"要在行政实践发展的基础上，用更科学的方法对现实进行再抽象，从而使行政理论得到提升、充实和更新。……不是不需要理论，也不是行政理论无用，而是更加需要行政理论"③。行政模式的研究怎样才能突破西方思维逻辑的窠臼，重新建立一种对社会中的行政现象、行政过程、行政政策进行抽象、分析、再加工，进而得出相应结论并对现实的行政行为做出预测的新理论呢？只能另外开辟一条道路，重新寻找一个视角，换一种思路来考虑中国行政模式的理论建构。

里格斯在研究行政生态学的过程中就很好地从两个向度研究了行政在不同国家出现的多样性和特殊性：每个国家自身特有的历史、文化、社会、经济从不同方面间接地塑造了这个国家的行政模式；反过来，这个国家的行政模式在形成之后也在不断影响这个国家社会的变迁。因此，研究中国行政模式应从历史、文化以及传统哲学中去寻觅踪迹。正是沿着这个思路，本书试图提出观察中国行政模式的新角度和新思路——整体主义。

---

① 郭小聪、肖生福：《中国行政学学科建设：困境与出路》，《中国人民大学学报》1997年第6期，第151页。
② 张康之：《寻找公共行政的伦理视角》，中国人民大学出版社，2012，第23页。
③ 芮国强：《行政学方法论：内涵与结构》，《中国行政管理》2008年第9期，第47页。

整体主义作为一种世界观和方法论，是中国传统哲学的灵魂。很多传统的哲学流派有"天人合一"的观念，人是自然和宇宙的一部分，而且人和自然、宇宙有着一体性。这种整体主义的世界观体现在方法论上，表现为将主体和客体联系起来，从整体上认识事物以及人类自己，强调整体的结构和功能。从这个角度上讲，在西方传统的机械论世界观指导下的行政理论和中国的哲学传统是冲突的。这就解释了为什么西方国家的方法和技术会在中国出现"水土不服"的现象。

从中国的历史上看，中国行政模式形成和确立的历史就是"整体主义"特征在行政模式中出现并彰显的过程。如果将行政模式看成一个系统的话，考察其中的每个部分以及每个部分之间的关系、每个部分和周围环境的关系，就会明显看到贯穿在其中的整体主义风格。

因此，本研究为中国行政模式的分析和建构提供了一个全新的角度，扩展了我们在行政模式研究中的思路，有助于解决我们在行政学的研究和实践中出现的新问题。一种整体主义的思路不仅有助于我们深化中国式的行政研究，也对中国的现实行政过程有重要的理论意义和指导意义。

第二节　文献综述

一　关于中国行政模式的研究与述评

总结国内自 1999 年以来的众多研究成果，围绕着中国行政模式，有很多学者做出了有益而且积极的尝试，归结起来，主要有以下几个方面。

1. 对传统行政模式的批判和行政模式的转变

众多学者的研究着力探讨中国行政模式的转变。既然是转变，就必须在一个较长的历史时期内划分出不同的时间段，才能进行比较，进而归纳、分析不同阶段的行政模式及其发展方向。大多数学者认为中国正处于行政变革的时代，而传统与现代的分界点是计划经济的结束。

1999 年，徐邦友在《社会变迁与政府行政模式转型》中对传统行政模式进行了批判。所谓传统行政模式就是以管制行政、全能行政、强制行政和黑箱行政为特征的行政模式，传统行政存在于中国的封建经济时期以及计划经济时期。他强调应该建构以服务行政、有限行政、引导性行政、公开行政为特征的全新的行政模式。①

2000年，黄文艺发表文章认为行政模式的转变主要体现在全能政府向有限政府的转变、依政策行政向依法行政转变、官本位行政向民本位行政转变、非程序行政向程序行政转变、免责行政向责任行政转变上。②

2000年，刘俊生在发表的文章中借鉴盖·彼得斯在《政府管理与公共服务新思维》中对欧美行政模式的划分，将中国传统计划经济下的行政模式概括为命令行政、经验行政、多层行政、身份行政。他建议向权力－服务混合行政模式转变，即命令行政与承诺行政并存、人情行政与制度行政并存、经验行政与技术行政并存、多层行政与参与行政并存、受控行政与自主行政并存、身份行政与契约行政并存的行政模式。③ 洪威雷和黄华在《服务行政——21世纪中国行政管理的方向选择》中提出政府的职能是"掌舵"，而非"划桨"，政府的职能应该从全能型转变为服务型。④ 总结这一时期对中国行政模式的研究，一方面政治学色彩浓厚，另一方面受到了世界上公共管理思潮的影响。20世纪80年代到90年代，世界上主流的公共行政理论是"新公共管理"（New Public Management）理论。这种理论认为政府的角色是"掌舵者"，而不是"划桨者"。政府的作用是针对一些关键性的事务或者应该去做的事务去"划桨"，应该在公共服务分配的激励下，综合运用税收、补贴、规制、市场、保险等工具来达到目的。⑤ 但是新公共管理理论很快在实践中遇到医疗、教育、贫富差距等复杂问题。因此，登哈特夫妇的《新公共服务：服务而非掌舵》出版后引起了很大反响。公民、公民权、民主等价值因素又重新回到研究的视野中。这就不难理解为什么这一时期的中国研究者将注意力集中在建设服务政府、有限政府、契约行政上面。和国外行政理论研究的发展历史比起来，在当时的条件下借

---

① 徐邦友：《社会变迁与政府行政模式转型》，《浙江学刊》1999年第5期，第52~57页。
② 黄文艺：《论政府行政模式的转变》，《政治与法律》2000年第5期，第44~49页。
③ 刘俊生：《从权力行政到服务行政》，《云南行政学院学报》2000年第4期，第28~32页。
④ 洪威雷、黄华：《服务行政——21世纪中国行政管理的方向选择》，《湖北大学学报》（哲学社会科学版）2001年第2期，第15~18页。
⑤ Salamon, Lester M. ed., *The Tools of Government: A Guide to the New Government* (New York: Oxford University Press, 2002).

鉴国外已有行政理论模式来为中国的改革献计献策，也是不得已的选择。

2. 服务型行政模式

2002 年以后，很多学者在借鉴西方公共行政理论发展成果的基础上，对中国的行政模式建构做出了积极的尝试。最具代表性的是张康之提出了不同历史时期的行政模式分类以及行政模式的建构方向。他在 2012 年出版的《寻找公共行政的伦理视角》以及 2006 年发表的《论行政发展的历史脉络》中，充分论证了人类在不同历史阶段上的行政模式。人类社会经历了农业社会、工业社会、后工业社会三个阶段，每个阶段对应的行政模式分别为：统治行政、管理行政以及正在兴起的服务行政模式。① 在此基础上，他提出了建构有中国特色的服务型行政模式，这种服务型政府建构的理论是在对管理行政模式下只重视效率和绩效，缺乏公平和道德的反思基础上提出的。这种反思是全世界公共理论的潮流，但同样也和中国传统文化中"德治文化"相吻合。中国的传统文化是一种信念中心的文化，而西方的文化是责任中心的文化。"信念中心的文化决定了这个社会相信人的道德能力，而责任中心的文化决定了这个社会不相信人的道德能力。"② 在此基础上，他提出一种构建新模式的新理念——公共行政道德化③以及"政府－社会"的合作治理。④ 李传军在《管理主义政府模式的终结》中继续探讨了"管理主义"政府模式消亡的原因以及建立"公平优先，兼顾效率"的行政模式，即以德行政的服务行政模式。⑤

2004 年，白锐在《中国行政管理》上发表文章，首次对行政模式的内涵和结构进行了抽象的分析和建构。他将行政模式抽象出权威取向、权力运作形式、官僚体系以及公共行政中的组织文化四个要素，不同历史阶段中由于四种因素构成不同，产生了不同的行政模式。他将"权威取向"划分为单向和双向两种；将"公共行政的权力运作形式"划分为三种历史形

---

① 张康之：《寻找公共行政的伦理视角》，中国人民大学出版社，2012，第 22～23 页。
② 张康之：《寻找公共行政的伦理视角》，中国人民大学出版社，2012，第 271 页。
③ 张康之：《寻找公共行政的伦理视角》，中国人民大学出版社，2012，第 215～263 页。
④ 张康之：《论行政发展的历史脉络》，《四川大学学报》（哲学社会科学版）2006 年第 2 期，第 56～57 页。
⑤ 李传军：《管理主义政府模式的终结》，博士学位论文，中国人民大学公共管理学院，2003，第 1～199 页。

态：政治集权过渡到行政分权阶段，再过渡到行政集权阶段。将"官僚体系"按照其功用划分为传统的、科层的和灵活的三种：传统的官僚体系一般存在于传统社会之中，科层的官僚体系是建立在理性基础上的工业社会产物，灵活的官僚体系是新公共管理运动下出现的一种提升绩效和积极性的体系。"公共行政中的组织文化"可以分为初级组织文化、具有专业倾向的组织文化以及新型组织文化：第一种文化强调个人对组织的服从和牺牲，第二种文化下人的个性和价值还是受到了官僚制的压制，第三种文化强调人和组织的和谐相处。[1]

在这之后，很多学者发表了相关的研究成果，但是大多数的研究使用了"服务型政府"的概念，并且在内涵上沿用了多元治理、公共行政伦理视角等主题。2003 年，李昕在《社会转型中公共行政模式的变迁》中提出，中国改革开放以后的行政模式经历了行政理念、行政方式以及行政主体的变化，现在的行政模式在向行政理念的公共服务化、行政方式的多样化以及行政主体的多元化方向发展。[2] 张美和袁建锋在 2005 年发表的《服务行政模式对官僚制的借鉴与超越》[3]、赵绢明在 2009 年发表的《论以德治为基础的服务行政模式》[4] 以及胡杨和白云笑在 2013 年发表的《试论我国的服务行政模式的选择》[5] 中也继续沿用了"服务行政模式"的内涵。张美、袁建锋对"服务行政模式"的概念进行了进一步的剖析：服务行政是以道德化为特征和以服务为内容的一种行政模式，目的是提供高质量的公共产品和公共服务，采用非强调性的方式进行管理。[6]

---

① 白锐：《现代化进程中的公共行政模式分析》，《中国行政管理》2004 年第 9 期，第 80 ~ 84 页。

② 李昕：《社会转型中公共行政模式的变迁》，《首都师范大学学报》（社会科学版）2003 年第 3 期，第 44 ~ 49 页。

③ 张美、袁建锋：《服务行政模式对官僚制的借鉴与超越》，《台声·新视角》2005 年第 2 期，第 202 ~ 203 页。

④ 赵绢明：《论以德治为基础的服务行政模式》，《沈阳大学学报》2009 年第 2 期，第 38 ~ 40 页。

⑤ 胡杨、白云笑：《试论我国服务行政模式的选择》，《人民论坛》2013 年第 14 期，第 206 ~ 207 页。

⑥ 张美、袁建锋：《服务行政模式对官僚制的借鉴与超越》，《台声·新视角》2005 年第 2 期，第 202 ~ 203 页。

3. 其他行政模式

2000 年以后，由于受到国家倡导的"以人为本"、构建人与自然和谐相处的"和谐社会"等理念的影响，许多学者在此基础上为行政模式的构建提供了新的思路。

（1）回应型行政模式

回应型行政模式首先是在行政法学的领域下提出的。与回应型行政相对应的是传统社会的"管制行政"。2002 年，吉林大学法学院的崔卓兰、蔡立东提出工业社会的行政模式具体来说是一种管制型或压制型的行政模式。压制型行政模式追求社会同构化，在社会利益问题上，抑制多元化发展，强调国家利益至上。这种模式下的政府，未必在所有的问题上采取强制手段，但一是容易轻视或者无视利益相对方，二是被管理者往往也默认或者接受了这种压制。压制型行政强调了国家的需要和责任，在协调集体行动、维护公共秩序、实现公共利益等方面有一定的作用，但是长此以往会使复杂社会中的各种关系过度紧张甚至扭曲，最后造成秩序的崩溃。①

2007 年，崔雪丽继续探讨了在行政模式由压制型向回应型转变过程中的公民参与问题。② 2012 年，董亚男在《回应型公共行政模式对行政正义的契合与实现》中继续了这种行政法学的研究思路和研究方法，从角色、本体、程序、规则等几个方面构建出回应型行政模式中的正义性价值。③

（2）生态型行政模式

2009 年到 2012 年，基于自然灾害频发、生态环境的恶化等问题，生态行政研究引发了许多学者的兴趣。所谓"生态行政"是"对自然生态环境的行政，是政府生态环境管理和服务的行为"④。黄爱宝认为生态行政是

① 崔卓兰、蔡立东：《从压制型行政模式到回应型行政模式》，《法学研究》2002 年第 4 期，第 64～73 页。
② 崔雪丽：《行政模式由压制型向回应型转变中的相关问题——对公民参与与国家行政权力的认识》，《无锡职业技术学院学报》2007 年第 1 期，第 29～30 页。
③ 董亚男：《回应型公共行政模式对行政正义的契合与实现》，《社会科学战线》2012 年第 10 期，第 171～176 页。
④ 黄爱宝：《从后工业社会的服务行政构想看生态行政创新》，《南京师大学报》（社会科学版）2010 年第 4 期，第 39～45 页。

后工业社会的服务型行政的构成部分以及必然要求。① 从建构一种行政模式的理论意义上讲，所谓的生态行政并不具有普遍意义。2010 年张淑君的《生态行政模式下环境政策制定和执行的创新》② 以及邱实 2012 年发表的《我国生态行政模式建设探析》③ 就是在这个基础上进行研究的。

（3）人本行政模式

齐明山认为，中国的行政模式从古代到现代经历了农业社会、工业社会以及信息社会。④ 相对应的，行政模式也经历了君本、官本、民本三种行政模式的转变。随着信息革命的到来，网络突破了以往交流的诸多限制，虚拟平台可以使得民众的参与达到前所未有的程度。人们借助网络可以开展自组、自理和自治的活动，于是人本行政逐渐产生。⑤ 与此同时，仲崇盛也对人本行政模式的构建进行了探讨⑥，但相对于齐明山，他的研究缺乏更为系统的理论基础。

（4）变革背景下的行政模式

全球化作为一种趋势一定会影响中国行政模式的变化。对中国来说，全球化的主导力量是资本主义的政治、经济、文化等力量，中国政府也即将面临相应的挑战，即政府管理趋向国际化、公共行政性质趋向共同化和目标趋向多元化。转变政府的行政模式有两种方法：第一是政府要重新界定自身角色，从政策制定的家长制作风中解脱出来，给予公民一定权限来参与政策的制定；第二要重新界定自身的职能，政府一方面要下放权力，激活社会的创造力，同时又要强化全球化过程中政府在国际政治等

---

① 黄爱宝：《从后工业社会的服务行政构想看生态行政创新》，《南京师大学报》（社会科学版）2010 年第 4 期，第 39～45 页。

② 张淑君：《生态行政模式下环境政策制定和执行的创新》，《南京师大学报》（社会科学版）2010 年第 4 期，第 46～51 页。

③ 邱实：《我国生态行政模式建设探析》，《现代商贸工业》2012 年第 24 期，第 47～49 页。

④ 齐明山：《公共行政模式的变革——走向人本行政模式》，《云南行政学院学报》2006 年第 3 期，第 8～11 页。

⑤ 主要特征为：以实现人的全面而自由的发展为行政原则；治权与人的发展权相统一；普遍性原则是其重要的价值观。

⑥ 仲崇盛：《论人本行政与社会主义和谐社会的构建》，《天津师范大学学报》（社会科学版）2006 年第 2 期，第 8～13 页。

问题上的活动。①

徐邦友讨论了加入世界贸易组织（WTO）对中国行政模式的影响。他认为中国加入 WTO 后，特别是在西方公共管理改革的影响下，中国的行政模式会有一些学习性的嬗变。应借鉴西方经验并结合中国实际，建立以社会－企业－公众为本的行政。在市场经济下，通过对个人利益的保护，激发公众的创造热情来推动社会的发展；政府应更多地担当起社会守护者的角色，解决社会和市场所不能解决的问题；在提供公共服务方面，要引入社会力量参与并对政府的行政效果有相应的绩效评估。②

4. 对中国行政模式研究的述评

西方关于行政模式的研究建立在古典行政学和传统科层制的基础上，20 世纪 70 年代以后随着市场化和经济学理论的介入，传统行政模式日薄西山，新公共管理和新公共服务在西方国家逐步兴起。西方的公共行政产生已逾百年，而且在工业化的进程中创造了与之相适应的行政管理方面的治理理论与方法，而在后工业时代，旧的治理方法已经受到多方面的挑战。中国从农业社会进入工业社会也才几十年时间，科层制的发展还不成熟，我们是借鉴西方的思想、理论、实践经验，效仿西方工业社会下的行政模式，还是在这个全世界都面临变革的时代，找到一条适合自身发展的行政管理模式？当然是后者，而且有很多学者已经充分认识到发展一个"中国特色"的行政模式理论的重要性与紧迫性。如果不这样做的话，我们很可能在没有准备好的情况下，就重新走一遍西方国家走过的弯路，局面甚至会更加被动，情况也会更加复杂。因此，这些学者也在这些方面进行了许多有创造性的研究和探索。

总结国内的这些研究，传统公共行政模式的终结已经成为趋势。同时，很多学者对行政模式的建构提出几种分析思路：一是以张康之为代表的一批学者从建立"服务型行政模式"的角度，提出新型行政模式的伦理化以及新的治理方式，他们认为政府功能经历了从侧重统治职能到管理职

---

① 蔡立辉：《论全球化背景下中国政府行政模式的转换》，《中山大学学报》（社会科学版）2002 年第 4 期，第 25～34 页。
② 徐邦友：《入世后中国政府行政模式的创新》，《行政论坛》2002 年第 1 期，第 23～26 页。

能再到近年来服务职能的转变，服务型政府已经成为政府的普遍准则；二是以白锐为代表的学者对行政模式的内涵进行了解析，并分析了各个组成要素的特征，在此基础上提出不同于其他学者的行政模式分类方法，但在此之后，他似乎并没有再继续跟进相关研究；三是以崔卓兰为代表的行政法学学者从法理角度提出了回应型行政模式。几种分析思路对中国行政模式的理论探索都是有建设性和推动性的。

二　关于整体主义的研究与述评

中国和西方都有"整体主义"一词，在相关文献中虽然有相似之处，但是其使用方式是不同的，笔者立足于两种不同内涵的整体主义，分别对现有的研究成果进行了梳理。西方研究视野中的"整体主义"即"holism"一词是由南非政治家、南非前总理 J. C. 史末资（J. C. Smuts）在《士兵、学者和哲学家》一书中提出的。① 史末资将"整体"从简单的共聚物、机械的集合和化学合成物中区分出来，他认为在一个真正的整体中，部分虽然失去了先前的身份，但是在整体中获得了新的属性，他设想现实是一个复杂的阶梯：在阶梯底部，是机械性特征，在上层是整体的特征。西方语境下的"整体主义"在两个方面进行使用：一个是与个人主义（Individualism）对应的整体主义；另一个是与还原主义（Reductionism）对应的整体主义。

1. 西方视野中的整体主义思想

（1）整体主义和个人主义

个人主义和整体主义对立的来源是个别先于一般存在还是一般先于个别存在，即个别和一般的产生顺序是怎样的，整体和个体的重要性是怎样的。简单来讲，整体主义认为一般先于个别，个人主义认为个别先于一般。个人主义和整体主义的冲突和矛盾体现了二者在价值论上的立场不同。

个人主义认为世界上的一切物质都是由单个的个人构成的，彼此之间没有什么联系，因而只要分析个人作为部分的性质，就能分析整个世界的性质；世界不能脱离个人而存在，世界对个人的影响有限，个人的活动变

---

① 郑迎春：《社会科学方法论的个体主义与整体主义辨析》，《科教文汇》（下旬刊）2007 年第 5 期，第 199~206 页。

化会影响整个世界的变化；抽象孤立的个人利益实现了最大化，那么经过简单的线性相加，整体社会的利益也能实现最大化。与之相对立的整体主义认为，世界处在一个时刻相互联系的有机统一体中，世界中的每一个部分都是相互联系并且相互影响的。整体主义认为，如果不认识整体的、全面的属性，就无法了解事物的真正面目。整体的性质和状态不能由部分完全解释，个体不仅不能解释整体，而且只能通过整体才能解释自身的性质和规律，整体的规律和部分的规律并不完全等同。

在个人与社会产生的先后顺序上，个人主义认为从逻辑上讲是个人先于社会产生，然后个人才组成了社会，社会是个体的集合。整体主义认为只有经历社会和社会化，个人才具有了社会人的状态，任何人都摆脱不了这一过程，人类自从产生就生存在社会中，人类从来没有摆脱非社会的状态而单独存在过。与整体主义对整体的结构、性质的侧重不同，个体主义注重个人的态度、个性、目的等因素，强调从个体的角度和层面上去分析集体生活和个体生活，所有的社会状态和现象都可以从个体的视角去解读。用有关个体的理论分析、解释个体的行为和活动时，整体的性质是被忽略的，而考虑更多的是个体在生物和心理学上的动机、心态、愿望、性格等因素以及所处的生物环境。

整体主义和个人主义的争论可以追溯到古希腊时期。恩培多克勒曾经用"从部分说明整体"的方法来解释复杂的生命现象①；智者学派认为人都有自己独特的感觉和利益，他们不仅提出"'人是万物的尺度'，发现和肯定了独立的个体作为主体的地位和意义，而且围绕着自然法则和道德问题讨论了社会秩序与个人行为的关系"②。

苏格拉底、柏拉图、亚里士多德都是整体主义思想的代表者，他们强调城邦的和谐与绝对的善，侧重维护城邦的公共秩序，无论是亚里士多德的"政治人"还是柏拉图的"理想国"都体现了对整体的重视。《理想国》描述的正义体现在这样一个原则中：整体中的部分各自处在自己的位置上，

① 北京大学哲学系外国哲学史教研室：《西方哲学原著选读》（上册），商务印书馆，1981，第39页。
② 刘晓虹：《整体主义与个人主义之争：西方哲学的一条重要线索》，《学术界》1999年第6期，第6页。

并且为整体服务。柏拉图关注城邦整体的幸福，而城邦整体幸福的实现也是个人幸福的实现。亚里士多德也认为个人只有在城邦中才有意义，"由此可以明白城邦出于自然的演化，而人类是趋向于城邦生活的动物"，由于"政治"（Politics）就是由"城邦"（Polis）一词衍化而来的，"人类是趋向于城邦生活的动物"这个假设也就可以解读为"人是天生的政治动物"①。国家起源于家庭，家庭是人们维持正常社会生活的基本形式，为了实现更多的生活需要，更多的家庭结合起来，于是城邦产生了。亚里士多德从城邦起源的角度论证了城邦的整体性，他认为在高级进化状态的社会团体内，人类可以实现自给自足。但是随着城邦的衰落，整体主义受到了挑战，"亚历山大时代以降，随着希腊丧失政治自由，个人主义发展起来，犬儒派和斯多葛派是代表"②。进入中世纪，由于神学提倡人们要做"神"的仆人，还要服从现实中的君主，个人的自由和利益受到极大的贬低。近代以来，霍布斯在充分讨论"人性"的基础上建构其"自然状态"理论：正是"人性"中的"自负"导致人们处于"每一个人对每一个的战争"的自然状态，人们"不断处于暴力死亡的恐惧与危险中"，但又是因为"人性"中的"理性"，人们订立契约摆脱了"自然状态"，建立了国家。③

相比霍布斯以个人主义理论阐发整体主义的国家观，黑格尔的思想充满着辩证法的光辉。黑格尔认为不能把整个社会的利益放在个人的利益之上。他提出社会是一个有机的整体，而社会、国家的整体利益不可以化约成个人利益的简单相加，但是他同时又认为个人不应该消失在社会的整体中。国家不是个人追求私欲的工具，而是个人克服私欲的途径。国家不是目的，不是手段，而是更高级的东西，所谓更高级，即人在伦理上和道德上的实现要依靠国家。在他看来，"由于国家是客观精神，所以个人本身只有成为国家成员才具有客观性、真理性和伦理性"④。

从苏格拉底、柏拉图和亚里士多德到近代的霍布斯、黑格尔，个体和

---

① 曾狄：《"政治人"假设的丰富内涵和价值》，《西南民族大学学报》（人文社科版）2005年第1期，第349~351页。

② 〔英〕罗素：《西方哲学史》（下卷），马元德译，商务印书馆，1963，第126页。

③ 〔英〕霍布斯：《利维坦》，黎思复译，商务印书馆，2008，第92~128页。

④ 〔英〕罗素：《西方哲学史》（下卷），马元德译，商务印书馆，1963，第22页。

整体、个人和国家的对立与紧张一直存在，所谓价值论上的整体主义就是指在整体与个体的关系中，在承认个人地位和作用的基础上，整体以及代表整体的"国家""社会""民族"的地位和作用大于个人的地位和作用，整体主义代表着如何看待自己和他人、自己和社会关系的一种看法，是一种处理个体和整体、个人和社会关系的价值原则。

（2）整体主义和还原主义

在方法论上，整体主义的研究对象是事物的高层次或者说是更抽象的部分，可以把整体中的每一个部分进行分析，然后在整体的框架内，分析每一个部分之间的联系，在这样的基础上，考察每一个部分的功能和性质以及整体的功能和性质。还原论认为无论在自然科学领域还是在社会研究领域，只有研究个体和细节的功能与特征，才能接触到真正的科学事实和建立真正的社会理论。整体主义和还原主义的对立体现了西方国家长期以来涉及历史学、政治学、社会学、生物学等几乎所有学科领域的方法论之争。

整体主义的研究方法受到生物学的启发，兴起于自然科学领域。孔德受生物学的影响来研究社会的整体性，他将整体主义引入社会学。社会是一个有机体，部分的特性是由系统决定的。他认为物理学、化学中的原子主义方法并不适用于社会学，而正确的途径是整体主义方法论——通过整体观察部分，即"借助于整体的系统观察部分"①。他主张人们应安于自己的阶层、阶级和位置，并且互相友爱。赫伯特·斯宾塞和奥古斯特·孔德分别是整体主义和还原主义方法论的代表者：孔德认为社会是一个实体，不是个人单纯的简单堆积，而是由众多个人组成的相互联系又相互依赖的有机整体；斯宾塞认为社会的性质以及社会的起源都是个人决定的，而且社会的存在也应该成为个人谋求幸福和利益的工具。②"除了研究组成社会的个人的性质，我们无法建立一种真实的社会理论……我们很快就会发现，人类集合体表现出来的任何一种现象，最初都源于人自身的某种性质。"③

---

① 〔美〕刘易斯·A. 科瑟：《社会学思想名家》，石人译，中国社会科学出版社，1990，第9页。

② 周晓虹：《唯名论与唯实论之争：社会学内部的对立与动力——有关经典社会学发展的一项考察》，《南京大学学报》（哲学·人文科学·社会科学版）2003 年第 4 期，第 115 页。

③ Herbert Spancer, *Social Statics*（New York：Robert Schalkenbach Foundation，1954），p. 237.

　　孔德的继承者迪尔凯姆认为社会是由个人组成的，但又是高于个人的联合体，是一种全新的结构形式，因为社会的特性超越个人，因此不能将社会化约为个人的心理现象进行研究，社会现象只能通过其他现象去解释。① 他在代表作《社会学方法的规则》中介绍的整体主义方法论，可以概括为以下几点：①每个人的外部都有一种无形的强制性力量，这种力量影响着人们的思维、感觉、行为，只有人们反抗它时才会体现出来，人们顺从它时感觉不到它的存在；②这种无形的力量还会通过群体之间的传播体现在个人身上；③社会现象分为"有形的"和"无形的"，无形的影响人们的行为、感觉，有形的体现在交通、人口、经济等可以观察到的社会状态上。② 可见，迪尔凯姆和孔德一样都强调社会对个体的强制性影响，并弱化了个人在社会中的功能和地位。

　　与孔德和迪尔凯姆相对立的是韦伯，他坚定地表达了自己从微观和个体角度从事社会学研究的愿望，而帕森斯试图整合韦伯的原子主义与迪尔凯姆的整体主义，这一努力体现在其著作《社会行动的结构》一书中。孔德、迪尔凯姆、帕森斯，虽然他们对整体主义内涵的理解不同，学术主张不同，但是他们在研究方法论上都有相似特征：①从本质上讲，整体不同于部分之和，整体大于各部分，整体不是部分的附属，部分严格地联系起来而且也会随着整体的变化而变化，"整体"拥有因果、规制、关联的自发力量；②如果整体拆分成部分，现象将更为复杂，我们将失去更多关于事物本质的信息和认识——部分的性质已经带有整体性质的印记，无法脱离整体而单独存在；③"整体"是各个部分在功能上相互合作并且稳定作用于系统的有机整体，整体体现着部分之间的内在联系，而且一定程度上体现着复杂现象中重要的系统信息。

　　将整体主义运用于社会学中就会有以下几个共性。①社会不是个人的简单相加，而是具有特殊的性质和特征。因此，社会作为整体的作用和地位远远超过个人在数量上的简单相加，不能经由个人的行为去推测社会现象；整体和部分的区别不是量的区别，而是质的差异，社会的属性不是从

---

① 贾春增：《外国社会学史》（增订本），中国人民大学出版社，2000，第128页。

② 〔法〕E. 迪尔凯姆：《社会学方法的规则》，狄玉明译，商务印书馆，1995，第23～34页。

个人身上体现的，而是一种特殊的"结构属性"。②社会现象和个人的行为相关，但不是由个人直接产生，不能等同于个人行为产生的现象。③社会现象从本质上讲是一种超越个人的力量，它在无形中影响个人的行为和意识，也就是说社会作为一个整体影响并塑造着每个人的性格、行为特征，个人的行为应该是由社会中的机制和惯例逐渐演绎而来的，如果简单地分析个人所具有的特征将丢失社会带给个人的整体性特征。④通过研究"整体"的结构和历史，甚至能预测或预知整个人类社会的未来发展方向。针对整体主义，也有学者认为，"认识论上的综合主义和直观主义的思维方式使整体主义正确地抓住了社会整体的不可还原的结构属性。但是，它的局限也恰恰在此，因为它难以从发生学的角度来解释社会结构的形成过程，即社会结构是如何通过无数个体的行动而被建构或不断地再生产出来的"①。

还原主义研究的是复杂事物的低层次或者说是微观部分，将每个部分的特征和属性相加，得到的便是整体的特征和属性。社会学上的还原主义最初是由韦伯提出的。他认为，出于某种目的将社会的集体（例如社会、国家、公司）视为个体是方便和必要的。对社会学来说，不存在诸如"起作用"的集体这类事物。而国家、民族、家庭等类似的集体只是个体相互作用的复合体，是个体行动发展的必然结果。因此，他主张个体才是社会学分析的基本单位。②　波普尔也认为，社会科学从根本上讲是以个人为研究对象的，也就是说要通过分析个人的情感、态度、期望、关系等要素进而建立社会学分析框架，集体事物的分析方法和个人的分析方法是一致的。③　他写道："我们不可能观察或描述整个世界或整个自然界；事实上，甚至最小的整体都不能这样来描述，因为一些描述必须是有选择的。……在全部的意义上，整体不能成为科学的研究对象。"④　还原主义可以总结为：①只有通过分析个体，才能够分析社会现象；②所有的社会现象都可以还原为个体的行为进行分析；③行动者具有行动力是理论预设——个人是不变的、分散的、自由的，而且具有自己控制自己行为的能力；④个人的行动不需要通过

---

①　李昱棋：《社会学整体主义方法论的批判》，《知识经济》2012 年第 11 期，第 29 页。

②　〔德〕马克斯·韦伯：《社会科学方法论》，杨富斌译，华夏出版社，1987，第 47 页。

③　〔英〕波普尔：《历史决定论的贫困》，杜汝楫等译，华夏出版社，1987，第 3 页。

④　〔英〕波普尔：《历史决定论的贫困》，杜汝楫等译，华夏出版社，1987，第 61 页。

社会现象解释，而解释社会现象需要通过个人。

2. 中国视野中的整体主义思想

西方整体主义和个人主义的思想源头是古希腊哲学，而中国文化也有着同样久远的历史，中国传统的哲学从价值观、思维方式、行为方式、思想观念角度影响着过去和现在的中国人，甚至影响着社会制度和社会组织的结构和运作方式。目前已知的文献中，"整体主义"这个词语在中国传统的哲学、文化、伦理上都有所应用，在儒家文化中体现得尤为突出。在整理和"整体主义"有关的文献中，作者从整体主义的内涵和整体主义对政治文化的影响两方面进行梳理。

（1）整体主义的内涵和概念

关于中国整体主义的研究有两个思路。一是对整体主义进行溯源。大多数学者认为整体主义在中国有深厚的文化根基，甚至成了整个民族的价值观。二是评价整体主义在中国的价值体系中的作用和地位，同时对整体主义在当今的影响提出不同的看法。

1988 年，外国哲学家孟旦在《个人主义和整体主义：关于儒家和道家价值观念的研究》中认为，中国的"整体主义"价值观主要包括在社会等级系统中履行角色的价值观、相关性价值观、部分与整体之间的和谐性与物我统一性的价值观以及人与天地共同创造万物的价值观。第一，社会等级系统中履行角色的价值观。家庭的"义务"和"合法的期望"是社会等级系统中的角色功能体现，而不是构成人的具体特性（如人的需要、兴趣和权利）的功能体现。[1] 第二，相关性价值观。包括上述价值观，但是更为广泛。人们将"心"作为交流的代理，尽可能地去认识他人和他物，"心"的主要功能就是连接自己与他人、他物。道家认为，社会等级系统中履行角色的"自我"随着万物平等态度的加强会消失，是一种与"道"共同扩展的状态。[2] 第三，部分与整体之间的和谐性与物我统一性的价值观。个体在社会整体中也能和谐，就像社会群体位置占有者履行他们的功能，又

---

[1]　Dornad J. Munor, *Individualism and Holism：Studies in Confucion and Taoist Valuse*（Ann Arbor：University of Michigan Center for Chinese Sdudies, 1985），pp. 20 – 21.

[2]　Dornad J. Munor, *Individualism and Holism：Studies in Confucion and Taoist Valuse*（Ann Arbor：University of Michigan Center for Chinese Studies, 1985），p. 20.

不跨越伴随这些功能而来的义务和期望的界限一样。[①] 第四，人与天地共同创造万物的价值观。有"诚"之人将其生命注入他要认识的客体之中，并有意识地关心客体，个人的发展要服从天地，并且使自己的变化符合自然的方式，儒家通过这些行动使人成为天地的合作者或共同创造者。[②]

2000 年，刘晓虹在《试论中国传统价值体系中的整体主义及其在近代的变革》中分析了整体主义在中国价值体系中的形成、演变以及在当代中国的表现。他认为中国的整体主义价值观形成于历史上的经济形态和社会结构，有深刻的历史渊源。整体主义经过了原始儒家的群体原则向正统儒家建构原则的转变，在这一转变中，基于人类群体与个体既分裂又统一的普遍命题以及人类追求无限性的终极目标，整体主义成了历代士大夫都支持的理论前提。[③]

程娅静认为整体主义是中国人传统的思维方式，整体意识、大局意识始终是社会的主流思想，是处理事务的基本准则。这种整体主义的传统思维表现在四个方面。一是整体主义世界观。这种世界观是用整体主义的眼光来看待世界。世界源于一种东西，那就是"道"，是"道"产生了世界上的一切生物以及人类。"道"一方面是世界的客观普遍原则，是一切生物生存及自然运行的准则，同时也是现实世界的根据和人类在日常生活中处理问题的依据。所以，自然、宇宙和人成为一个统一的、和谐的共同体。二是社会的整体主义。孔子以降，儒家的精神世界和对政治问题的考虑都是从世界范围来看的。三是"天人合一"的整体主义。这种整体主义发展成为"天人感应"学说。四是结构的整体主义。对社会整体及其"子整体"的研究最后都导向了结构主义。[④]

姜丽萍认为整体主义思想已经成为中华民族心理的重要组成部分，她认为中国传统的整体主义思想强调个人要从国家与社会的利益出发，为社

---

① Dornad J. Munor, *Individualism and Holism: Studies in Confucion and Taoist Valuse* (Ann Arbor: University of Michigan Center for Chinese Studies, 1985), p. 20.
② Dornad J. Munor, *Individualism and Holism: Studies in Confucion and Taoist Valuse* (Ann Arbor: University of Michigan Center for Chinese Studies, 1985), p. 21.
③ 刘晓虹：《试论中国传统价值体系中的整体主义及其在近代的变革》，《兰州大学学报》2000 年第 5 期，第 69～75 页。
④ 程娅静：《传统整体主义思维的哲学思考》，《软件》2012 年第 8 期，第 85～87 页。

会尽责。过度宣扬个人主义一定会导致很多社会、全球问题，这反映了整体主义教育的缺失，因此，必须重视整体主义教育，强调人是社会的一部分以及人的社会性，不能因为个人主义、自由主义的盛行而弃之不顾。[①]

陈强在研究了整体主义的定义、内涵之后，认为中国社会从古代到改革开放前都属于整体主义占主导的社会，改革开放以后的中国属于半整体主义、半个体主义（个人主义）占主导的社会，并会一直保持下去，而且不会成为纯粹的个体主义社会。他认为古代中国社会是一个典型的农业社会，个人对土地的依赖延伸到家庭领域就形成了家庭里的整体主义，而国家被看作是这种整体主义的放大形式。作者认为在改革开放后，由于经济带动了人的独立和个性的发展，之前的整体主义有所退化，同时个体主义有所发展，但是整体主义的地位犹如母体，个人主义如同母体里的反叛怪胎，两者存在博弈。因此，整体主义作为持续存在的传统很难完全消失，整体主义和个人主义在将来可能达到一定的平衡，表现为政治领域保持整体主义，而经济领域、社会生活领域、私人生活领域则趋向于个体主义化。[②]

田智、罗俐琳认为中国的整体主义经常处于极端的两头，要么是自私到了极端，要么是整体到了极端。整体主义原则在中国伦理传统中表现为封建统治集团的利益高于个人的利益和宗法制度中的忠孝原则。在社会范围内不提倡个人利益和价值追求，但在实际中，个人价值和个人利益是真实存在的。[③]

谌林对中国传统的整体主义价值观持批判态度，他认为现代化的使命之一就是消灭整体主义。在前资本主义社会，小农经济从根本上要求用整体主义来对个体进行约束，每个人生活在家庭、社会、国家的整体之中，分享核心内容，承担对整体的诸多责任，个体性在这种情况不被鼓励，知

---

①　姜丽萍：《中国整体主义思想的溯源及现实意义》，《现代企业教育》2007年第24期，第111~112页。

②　陈强：《中国社会转型的哲学视角：从整体主义到半整体半个体主义》，《南昌大学学报》（人文社会科学版）2011年第4期，第28~32页。

③　田智、罗俐琳：《对中西伦理思想中整体主义发展的思考》，《湖北大学学报》（哲学社会科学版）2005年第4期，第385~388页。

识分子关心的社会公正囿于整体主义的视野和价值观。整体主义尽管有正面性价值，但是宣称为了绝大多数人利益的整体主义也容易为极少数人谋利。①

（2）中国整体主义对政治文化的影响

在中国传统的整体主义研究方面，除了讨论其历史渊源及其表现形式，还有学者探讨了整体主义对中国政治文化的影响，不可否认的是，传统整体主义价值观和思维为中国的政治制度、政治文化以及政治合法性提供了理论基础。

崔迎军研究了儒家整体主义价值观产生的背景以及对中国政治产生的影响。这种价值观产生于汉代，而汉代为之后的封建社会从制度、文化及观念上奠定了基础。首先，董仲舒对先秦儒学进行改造，使其适应封建专制的需要。在儒学价值转向的过程中，个体性原则不断让位于群体性原则，集权国家的出现使整体主义成为儒家思想的价值基石。整体主义被社会奉为极具价值的思想观念，个体的存在和价值被边缘化了。其次，董仲舒构建了三纲五常这种价值观念，并把人与人的关系变成了单向的统治和服从的关系。个体只有在对社会尽到义务的情况下，存在才具有意义，个体价值的丧失促成了社会整体价值的强化。最后，改造后的儒家提倡约束个人的欲望，追求所谓精神的崇高，这样个人的道德备受关注，抽象化的人进一步弱化了个体价值，提升了整体价值。董仲舒成功地将道德伦理和政治原则相结合，创造了政治－伦理同构的政治模式。在这以后的数千年，这种思想都深远地影响着政治模式的运作，虽然一定程度上缓解了民族矛盾，有利于国家统一，但是由于长期忽视个体的价值，成为个人与国家矛盾的根源。②

王岩认为所谓"整体主义"是强调群体特别是统治阶级的国家利益，贬低个体的权利与自由，主张个人利益和个体意志绝对服从国家的思想观念体系。在政治方面，封建社会的专制主义制度就是整体主义的表现，体

① 谌林：《整体主义时代"人的依赖关系"》，《学术交流》2013年第3期，第38~42页。
② 崔迎军：《儒家整体主义价值观的理论基石及其影响》，《长春理工大学学报》2011年第8期，第29~30页。

现在社会生活以及政治文化中，就是个人意志消解于国家，强调个人对国家的义务和责任，法理意识的淡漠以及民主意识的匮乏。①

杨胜利和李波在《整体主义与个人主义——中西方文化价值观比较》中提出，西方代表性的价值观是个人主义，而中国是整体主义。价值观上的整体主义体现在政治生活上有两个方面：一是代表国家的最高统治者是唯一的和最终的目的，而其他臣民都起工具性的作用；二是国家、地方、家庭成为封建专制的统治体系，地方长官和家族族长成为地方的最高统治者。②

3. 对整体主义研究的述评

综合各种文献资料，可以发现学者们对中国"整体主义"内涵和概念的研究主要有以下几方面观点。

一是中国语境下的"道"是整体主义的起点，"道"是普遍联系，是人与自然、人与宇宙、个体和整体联系起来的重要途径，是世界客观存在的普遍原则和客观规律；在"道"的基础上，中国传统上追求人与自然的合二为一，追求人和自然、外部环境通过"心"进行交流；"道"又分为"天道"和"人道"，二者是二分但又是一体的，对天道的体认和对人道的遵从互为基础，天道不过是吹胀的伦理纲常③；整体主义对中国的政治以及当今社会都有很大的影响。

二是有一些学者认为整体主义作为一种价值观一直影响着中国传统以及当今的政治，中国历史上的整体主义体现为：周代开始显现渊源，到汉代基本成型，此后一直影响着中国的政治运作，无论是制度层面还是行为层面，整体主义持续地发酵。传统行政的整体主义特征为中央集权占主导地位，儒家思想逐渐成为行政系统内的主导思想，传统和稳定成为行政至关重要的原则，官员个人创新不被提倡等。

---

① 王岩：《冲突·契合·超越：个人主义与整体主义比较研究——兼论社会主义市场经济条件下的主导价值观建构》，《毛泽东邓小平理论研究》2005 年第 6 期，第 55 ~ 60 页。

② 杨胜利、李波：《整体主义与个人主义——中西文化价值观比较》，《辽宁工程技术大学学报》（社会科学版）2000 年第 3 期，第 82 ~ 84 页。

③ 刘晓虹：《试论中国传统价值体系中的整体主义及其在近代的变革》，《兰州大学学报》2000 年第 5 期，第 69 ~ 75 页。

三是新中国成立以来，有学者认为这种建立在一定经济基础上的整体主义，已经丧失了其生存的土壤，但是整体主义并没有消逝，事实上从新中国成立以来的行政发展中还是可以看到整体主义的端倪的：中国共产党在政治、思想和组织上的领导为行政机关的运作提供宏观指导，社会主义革命和建设事业的核心地位都体现了整体主义的行政价值观；马克思主义的"集体主义"思想是从社会到个人、从组织到个人都奉行的普遍的意识形态；中央政府权力的过度集中造成的条块矛盾，一直围绕着放权、提高地方积极性和自主性的努力持续着；个人价值的实现还是更多体现在社会价值的层面，社会的认可与承认是个人努力的重要评判标准。

第三节　基本概念和研究方法

一　基本概念

1. 行政模式

本书认为行政模式是一国政府在其历史文化环境下形成的，为了实现政府的经济、政治、文化、社会、思想政治等职能，在政府的行为过程中融合行政文化、行政组织、行政行为和行政机制的总和。行政文化是行政人员在一定时期内形成的，稳定的、共识性的价值认同和价值取向并且成为行政组织抽象的"意识层面"；行政组织主要指行政权力配置结构，即组织结构和体制结构；行政行为是指行政人员在行政过程体现出来的一系列动机和价值观等；行政机制是在行政模式中起到维持、调节行政机构和行政人员、行政机构之间以及行政人员之间关系的非制度化原理。在这个定义中，行政组织是行政模式的具象表现，而行政文化、行政行为、行政机制是行政模式的抽象表现。行政文化、行政组织以及行政行为互相影响、互相作用，并且以一种体系化的机制进行运作。行政文化影响、塑造行政行为，同时行政行为也对行政文化进行反馈和调适；行政文化会影响行政组织的构成形态，行政组织也会反映当下的行政文化。

2. 整体主义

整体主义是一种处理整体和部分关系的观念和主张，这种主张认为整体的功能和作用大于部分，甚至部分的功能和性质是由整体决定的。中国语境下的整体主义和西方的整体主义都是在价值观和方法论上使用的。从方法论角度讲，整体主义主要是指在研究过程中，从宏观层次上的群体或整体的利益、行动、目标出发，而非从微观层次上特别是个体的角度出发进行研究。从价值观角度讲，整体主义是指整体的功能和作用大于部分，个体的作用取决于整体。

3. 整体主义与极权主义

所谓极权主义，是政府权力不存在任何分享，被垄断起来行使，而且是排他性的垄断，不存在民主的机制，也不存在民主性的意识形态，借助暴力或者恐怖等手段，维持这种垄断权力的统治。① 民主消失，民众和社会的空间被无限地压缩，因此极权主义反映的是一种政治状态，对于一个国家来说，意味着由谁统治和如何统治的问题，支撑极权主义最重要的是统治者（集团）对国家权力和统治工具的完全垄断和掌握，民众和社会的服从是一种高压下的沉默。

相比较之下，整体主义和极权主义存在本质上的不同。整体主义就其价值观而言，从个人、政府到社会，从微观层次到宏观层次接受的是在长期历史演进过程中形成的共同观念、习俗和认知，这种价值观在全社会中被普遍接受，不是在自上而下的高压下形成的；就方法论而言，个人和各种实体普遍使用整体性的研究方法来认识和思考问题。整体主义的价值观和方法论潜移默化于政府和民众之中，这一过程是自觉的、自然发生的。由此可见，极权主义是一种政治统治中的完全非竞争性体制，而整体主义代表的是一种认知和处理世界的价值观和方法论，即使整体主义走进政治和行政中，也是这种稳定的共同心理和行为习惯影响着政府行政。

4. 整体主义与集权主义

集权主义一般特指在行政体制内中央和地方的关系中，中央在各个方面施行权力的集中，对地方政府进行控制和领导，决策权力一般集中于中央。单一制国家中，集权主义或者说中央政府集权较为普遍，而在联邦制

---

① 〔美〕迈克尔·罗斯金等：《政治科学》，林震等译，中国人民大学出版社，2001，第94 ~ 98 页。

特别是邦联制国家，由于存在中央和地方的分权，尤其邦联国家往往是松散的联合体，中央集权就相对弱化。集权主义可以说是行政模式中权力分配构架的一种安排。相对而言，整体主义则是行政模式在哲学层面上的抽象概括，同时也成为这种模式的总体特征，其揭示的是行政组织、行政文化、行政行为和行政机制的内在特点。行政模式一般可以采用中央集权，而中央集权也从组织上体现着整体主义的特征。

5. 整体主义和集体主义

如果从理论源头上讲，集体主义来源于马克思、恩格斯，而马克思、恩格斯的思想和西方的整体主义有一脉相承的关系。"只有在集体中，个人才能获得全面发展其才能的手段，也就是只有在集体中才能有个人自由。"[1] 马克思、恩格斯认为只有将个人的利益和全人类的利益结合起来，才能实现人的全面自由和全面解放。因为个人利益和集体的利益是辩证统一的，他人利益的实现是个人利益实现的前提条件。基于这个前提，集体主义的内涵是：①倡导集体利益高于一切，集体利益是个人利益的出发点，集体利益优先于个人利益；②坚持个人利益和集体利益的辩证统一，同时承认个人利益的合理性，保障个人正当利益；③当个人利益和集体利益发生矛盾时，个人利益需要服从集体利益，个人利益需要为了集体利益做出必要牺牲。[2]

从价值观的角度出发，整体主义所说的"整体"和集体主义所说的"集体"是一致的。"整体"和"集体"的含义中都包含了国家、社会、民族等概念，集体主义所倡导的价值观和伦理观在一定程度上可以和中国传统文化中所倡导的整体主义并行不悖，正是这个原因，张岱年指出"中国人特别是知识分子接受马克思主义与中国传统文化也有密切关系"[3]，所以马克思主义很容易在中国生根发芽。换句话说，"集体主义"只是"整体主义"的价值观在今天呈现的新的表现形式，但是内涵要比"整体主义"的范围更小，"集体主义"只是一种看待社会、看待人类自己、处理

---

① 《马克思恩格斯选集》（第4卷），人民出版社，1972，第84页。
② 杨伟涛：《论集体主义原则对整体主义思想的超越》，《西南师范大学学报》（人文社会科学版）2002年第4期，第52~55页。
③ 张岱年、程宜山：《中国文化与文化争论》，中国人民大学出版社，1990，第186页。

人类和社会关系、协调个人和社会利益的价值导向，而"整体主义"的含义要更为广泛，它在哲学层面上有两个向度的意义：一是价值关系，二是存在关系。前者体现为一种价值观，和"集体主义"所倡导的观念是一致的，而后者是"集体主义"的内涵所没有的。

二　研究方法

1. 主要研究方法：整体主义研究方法

在历史制度主义看来，一个制度的形成或者前进，有时候并不是由社会中的推动力量促成的，也不是由社会中几种力量相互联合促成的，而是制度中的不合理因素与现实中的冲突引起变革，促进了新制度的建立。旧制度并没有瓦解，而是以一种新的形式隐藏在新制度中。由此看来，新制度的建立并没有经过充分理性的思考，相反是一个观念、思想、组织、道德相互矛盾、冲突的复杂过程。在这些复杂因素的作用之下，文化、组织、行为、伦理道德等因素交织作用，中国行政模式形成了自身的特征并且持续下来，并且持续保持了一个动态的、稳定的并且相互制约影响的结构状态。这种稳定的因素在中国行政模式中持续发挥着作用，影响着行政模式中人的行为。本书将中国传统特色的核心概念——"整体主义"挖掘出来，以此为核心，构建出分析中国行政模式的框架，并试图用这个理论模式解释现在行政管理实践中出现的不能解释或者解释不到位的现象。

如何运用整体主义构建中国的行政模式？构建"一个复杂的模式将比一个较简单的模式更接近于现实。然而，这会为了现实而牺牲简化，而且，如果走得更远，会导致拒绝所有的范式和理论"①。既然整体主义研究是为了解释现实，那么应该建立一个什么样的行政模式框架？一个模式越复杂，变量越多，会越贴近现实，但是理论往往变得越复杂；相反，如果想要简化理论，就有可能需要减少变量，造成理论与现实的拟合度降低，也就是说，理论对现实的拟合度和理论的简化往往不可兼得。② 本项研究

① 〔美〕亨廷顿：《文明的冲突与世界秩序的重建》，周琪等译，新华出版社，2002，第9页。
② 方雷：《政治科学研究方法的范式构建与应用层次》，《文史哲》2012年第6期，第142～146页。

在对理论和现实的拟合度、理论的简化程度两方面做权衡之后，解析出四个要素：行政文化、行政组织、行政行为和行政机制。在此基础上，整体主义研究行政模式的分析视角包括两个层面：一是分析中国的整体主义思维、整体主义文化等因素对行政文化、行政制度、行政组织的影响；二是作为行政模式的组成部分，它们之间是互相依存、共通的关系，正是从这一角度分析中国行政模式的整体主义特征。离开了行政模式这一个整体的结构，部分的特征也就不复存在而且没有意义。因此，整体的特征和部分的特征是一致的。整体的特征也是在部分和部分、部分和整体的互动中得以确认和认可的。正是在这样的情况下，整体结构才能维持在一个相对稳定、封闭的环境中，整体的结构才能维持着守恒而不被破坏。

2. 其他研究方法

本书采用的其他研究方法主要是历史分析法、系统分析方法、行政生态研究方法和规范研究方法。

（1）历史分析法

"无论是在社会科学领域还是自然科学领域，只要是考察自然界或人类社会的发展过程，探究发展过程中某些有规律的现象，就不可避免地要运用历史研究法。"[①] 历史分析法，即通过历史资料，获取相关的信息，按照历史的顺序对曾经发生的事件进行研究，进而解释形成过程和形成背景，预测过去的事件对未来的影响。一种行政模式的形成是一种历史过程，对整体主义行政模式的研究，必须从历史根源上着手，分析其产生、发展和变化的过程，透过现象研究其内在的规律和本质。本书通过梳理、罗列从古至今的众多行政组织以及行政制度，来透视中国行政组织的特征，追溯行政模式起源，探究从古代到现代中国的行政活动中贯穿的一致的思想特点、组织特点、行为特点以及机制特点。从这些剖析与分析中，梳理中国行政模式发展的来龙去脉以及演变脉络，从历史演进的过程中分析中国行政模式的形成背景、影响其演变的主客观原因。

（2）系统分析方法

将中国行政模式视为一个系统，对系统的各个部分进行剖析、简化，

---

① 欧阳萍：《生态人类学中的历史研究法》，《长沙大学学报》2011 年第 4 期，第 68 页。

最大限度地分析出每个子系统的特点，然后再分析出这些子系统与系统之间互相影响的因素。

（3）行政生态研究方法

行政生态研究是指研究一国的行政时，综合行政和周围的环境，研究行政制度和行政行为。里格斯的行政生态学运用生态学的方法，综合考察一国的经济、社会、沟通、符号、政治架构五种因素，在进行行政学的研究时，不仅深入考察这五种要素，而且研究这五种要素的"交叉"和"互动"。本书在研究中国的行政模式时，也正是考虑到了行政生态因素是行政模式研究中必须考虑的因素。

（4）规范研究方法

规范研究方法注重揭示现象和现象之间的本质的、必然的关系。本书正是基于行政行为以及行政过程中的普遍现象，试图阐明整体主义作为一种蕴含在行政现象中的价值是如何影响行政模式的建构和运作的，全面阐释贯穿在其中的一般规律和行政模式的本质特征。

第四节　研究框架和研究创新

一　研究框架

本书共分为三个部分。

第一部分是前言，前言中的主要内容是提出研究的问题及意义，进行文献综述，概括研究方法和基本概念，最后指出研究的基本框架和研究创新。

第二部分是正文，由五章内容组成。

第一章，行政模式的整体主义研究框架。在这一章需要界定"整体主义"的含义以及中国和西方在理解"整体主义"上的根本区别——本体论的区别，中国的整体主义是一种本体论上的关系本体论，而西方持实体本论的观点。于是中国的整体主义更加强调整体，个体的作用和地位被放到一个次要位置，甚至被整体消解掉了，重要原因是根植于整体与部分关系之中的道德力量，因此，价值论和本体论是一致的，"应在"和"存在"是一致的。在此基础上，进一步提出整体主义的方法论，并且以此构建中国的行政模式：首先，确定整体主义研究中国行政模式的理论假设，即人性假设，行政系统的循环性、开放性和稳定性的假设以及行政人"完整性"获得的假设；其次，提出整体主义研究中国行政模式的基本原理，即行政系统和行政环境之间处于交流以及动态平衡的状态，整体主义研究方法是一种利用学科之间的关联性进行研究的方法，整体主义研究方法是一种带有价值判断的研究方法。

第二章，行政文化中的整体主义特征。行政文化中整体主义特征的形成经历了对宇宙和世界的终极认识，以及由天理向伦理延伸的两个阶段，传统行政文化中的整体主义特征决定了行政管理的路径选择以及行政管理过程中重视"德治"：行政方式上以道德治理为主，行政理念要符合道德原则，行政主体必须具有较高的道德素质，行政客体在行政过程中形成被动和服从的观念。虽然行政主体有所转变，但传统的行政文化在新时期并没有消失，仍对维护社会基本秩序和社会稳定有重要意义，并和官僚制相互碰撞，发展出新的治理方式。

第三章，行政组织的整体主义特征。中国现代的行政模式虽然在其组织特征上延续并参照了通行的官僚科层制，但是在一些具体的细节和特征上还是有中国传统行政文化的烙印。行政组织开端于春秋战国时期，等级贵族治理模式下的宗法制衰落和分封制衰落为行政组织的产生提供了条件。因此，中国行政组织的整体主义特征体现在：一是行政组织机制的中央集权特征；二是行政组织机构层级繁多；三是调节中央和地方关系的巡视督察制度。

第四章，行政行为的整体主义特征。本章是对行政模式的微观研究，主要运用组织行为学的研究框架，从行政人员的动机和价值观两个向度展开，分析了在传统整体主义影响下行政行为生成的两个过程，整体主义文化的社会化和整体主义文化的制度化过程，这种价值观和动机成为行政模式中的稳定因素并延续到今天。行政人员价值观上的特征体现在执政为民、清正廉洁和捍卫政治道德三个方面，传统行政人员"内圣外王"式的行为动机和当今行政人员为人民服务的行为动机也有着内涵上的一致性。

第五章，行政机制的整体主义特征。本章认为组织中普遍遵守和适用的规范决定和引导组织及其成员行为，并且形成高度结构化的惯例。在惯例对行政模式塑造下，组织形成了独特的价值取向、组织人格以及稳定的发展路径。这部分首先分析了行政文化和行政组织形态的关联机制，具体说来包括经济机制和地理机制；接下来分析了行政文化和组织行为的关联机制，包括行政文化对行政行为的塑造以及行政行为对行政文化的反馈；最后分析了行政模式以荣誉和道德为主的激励机制，主导型政府主导社会和国家发展的保障机制以及行政活动不仅以内部的控制为导向，也以外部控制为导向的控制机制和以自上而下为特征的动员机制。

第三部分，研究总结和展望。中国的行政模式带有深刻的"整体主义"烙印，对中国的行政机构改革以及行政文化创新都有重要意义。因而，以"整体主义"为视角对中国的行政模式进行研究是一个宏大而长远的命题，值得更多的学者对中国行政中出现的"整体主义"现象给予更多的关注。

二　研究创新

第一，中国传统文化中的"整体主义"思想决定了行政文化的价值取向，进而对中国行政发展的道路产生了很大影响，本研究分析了这种"整体主义"价值观在行政文化中的内容和构成。

第二，本书以整体主义为视角研究中国的行政模式，有助于改变线性思维模式和研究方法，引入一种多维度、多视角的研究方法，改变之前行政模式研究一味理性、缺乏非理性的研究趋势，将道德等价值因素随着整体主义的分析加入研究中。

第三，本书从传统和历史的角度出发，认为一个国家的行政模式具有在本国的传统和历史中形成的，长期而稳定的特点、气质和生态，在一般共通或普遍的机制中，发挥着独特的功能或形成特别的结构。在这个基础上，本书提出中国行政模式的特征是"整体主义"，拓宽了行政模式的研究视野。

第一章　行政模式的整体主义
研究框架

关于整体主义的论述在西方和中国都有涉及。总的来说，整体主义是指将整体看作一切问题的源头，个体作为整体的一部分而存在，整体的功能和作用大于个人，由此衍生出个人应当在某种程度上服从整体，为整体服务的观念。西方整体主义的本体论是实体本体论，其决定了在方法论中的个人主义，即使有些学者宣扬自身的"整体主义"方法，仍然无法从根本上摆脱个人主义的研究倾向。而中国是关系本体论，因此中国和西方的整体主义不完全一致，中国的整体主义不能等同于西方的整体主义。本章试从传统的哲学和文化中探寻中国整体主义的发展历程并和西方加以区别，从而在理论上建立起整体主义视角的中国行政模式的研究框架。

第一节　中国整体主义的分析方法

原子主义的思维将现实事物看成无数细小的组成部分，通过对每个部分细致入微地观察，最后得出结论。中国思维重视整合和综合，注重从整体上把握事物，强调事物的功能和结构，而对个体和要素的关注较少。人是群体的一分子和一个组成部分，中国人从整体去理解人、认识人，"己所不欲，勿施于人"①，要以己之心，度人之心，只有时时刻刻为他人着想，设身处地考虑他人感受，才能实现社会的稳定与和谐。西方文化中的

---

① 杨伯峻译注《论语译注》，中华书局，2006，第 188 页。

个人主义和整体主义都将人看成一个独立的"个体"，这种主客体的相互独立性是中国整体主义思维中没有的。中国整体主义思维重视人的内在体会，提倡"天人合一"，将宇宙作为最高本体，以实现自我和本体的合二为一为最高追求；不仅如此，在知识的探索中也提倡"知以致用、知行合一"，主体在探索现实世界的同时，不仅仅局限于对客观世界的认识，而且追求将主体和客体综合在一起，将客观的知识和主体的行为合二为一。虽然中国的整体主义文化中有人文主义精神，但是并没有发展出西方的个人主义。"中国文化认为人人都与天道总体为一，人人在自身内都有通向天道的良心，因此'人皆可以为尧舜'（《孟子》）。'一阐提皆成佛'（竺道生）。王阳明说的更明白'满街皆圣人'。意思是人只要用心内向，深省自我，就可以得到超越，得到自由。"①

普利高津曾高度评价中国的传统文化，他引用李约瑟的观点"西方科学向来是强调实体（如原子、分子、基本粒子、生物分子等），而中国的自然观则以'关系'为基础，因而是以关于物理世界的更为'有组织的'观点为基础"②，在此基础上，他进一步指出，"中国传统的学术思想是首重于研究整体性和自然性，研究协调和协和，现代新科学的发展，近 10 年物理和数学的研究，如托姆的权变理论，重正化群，分支点理论等，都更符合中国的哲学思想"③，因此，他得出结论说："中国思想对于西方科学家来说始终是个启迪的源泉。"④

一 中国整体主义本体论：关系本体论

所谓本体论是探究世界本源、始基的学问，是对世界本身的终极关注。西方的古典哲学经历了古代的宇宙本体论、中世纪的神性本体论以及

---

① 刘长林：《中国系统思维》，中国社会科学出版社，1990，第 9 页。
② 颜泽贤：《耗散结构与系统演化》，转引自刘长林《中国系统思维》，中国社会科学出版社，1990，第 10 ~ 11 页。
③ 颜泽贤：《耗散结构与系统演化》，转引自刘长林《中国系统思维》，中国社会科学出版社，1990，第 11 页。
④ 颜泽贤：《耗散结构与系统演化》，转引自刘长林《中国系统思维》，中国社会科学出版社，1990，第 11 页。

近代的理性本体论，但都属于实体本体论。① 中国和西方的整体主义对个体的看法是不同的，原因是两种整体主义在本体论上有本质的差别。所谓本体论的差别就是，西方整体主义持实体本体论的观点，而中国整体主义持关系本体论的观点。实体本体论就是将宇宙看作一个本源状态的实体，古代的宇宙本体论、中世纪的神性本体论、近代的理性本体论都是实体本体论的表现。实体本体论导致的结果就是，在西方语境下，整体的性质和规律是在承认个体差异的基础上进行认识，也就是说整体性是基于个体在特征和性质上的多样性而形成的一种具有新的性质和规律的现象，对整体的认识最后还是要回到对个体的认识中。但中国整体主义的本体论从根本上讲是关系主义的，也就是说宇宙并不是一个实体，而是起源于一种关系性的假设。"包括儒教在内的中国思想当中有一种同西方思想正相对立的非常明显的倾向……就儒家哲学来说，宇宙中存在秩序的诸原则，社会秩序只不过是宇宙秩序的一个方面。但是与主导的西方观点不同，宇宙秩序的基础是内在的，而且归根结底是非人格化的……在中国人的思想中，宇宙秩序是要以'道'的概念加以阐发的，这种概念在儒家以及大多数其他学派中都是共同的。"②

这种关系性的本体论思想起源于中国的《易经》。所谓"是以立天之道，曰阴与阳。"③ 而阴与阳的关系就是"道"，"道"体现的是一种相互影响并且变化的互动关系。道家的"宇宙观"也继承了这种事物的普遍联系和不断变化的"道"的思想，"道冲而用之……吾不知谁之子，象帝之先"④，也就是说，在世界形成的过程中，阴阳关系演化成的"道"既是先于万物存在的，同时也是衍生万物的初始。"道"就像母体一样孕育了万

---

① 西方的实体本体论由泰勒斯第一个提出，亚里士多德发展出本体论的成熟形态，托马斯·阿奎那的经院哲学虽然认为上帝是最高实体，但是仍然在本体论上继承了亚里士多德的实体本体论；此后，笛卡尔、康德、黑格尔、休谟几位近代哲学家将实体本体论发展到了终局。参见李无苑《从实体本体论到文化本体论——论当代哲学的转向》，《浦峪学刊》1995 年第 3 期，第 5 页。

② 〔美〕塔尔科特·帕森斯：《社会行动的结构》，张明德、夏宇南、彭刚译，译林出版社，2015，第 616 页。

③ 余顿康：《周易现代解读》，华夏出版社，2006，第 366 页。

④ 沙少海、徐子宏译注《老子全译》，贵州人民出版社，1989，第 7 页。

物以及人类的生命，"有物混成，先天地生，寂兮寥兮，独立不改，周行不殆，可以为天下母。吾不知其名，强字之曰道"①。安乐哲等认为，如果模仿巴门尼德的"only being is"的说法，道家就是"only being are"或者"only becoming are"，他们进一步指出中西方本体论的实质性差别："道家并不认为在表象背后存在某种固定的实在、某种不变的基体以及在变化的偶然性背后的某种本质性的定义性东西。"② 在世界和宇宙形成之后，"道"还在继续发挥着它的作用和规律，这体现为各种事物之间没有明显的界限，事物的变化受到其他事物变化的渗透，即边界是流动与变化的。道家认为所有存在不过是处于不断变化和与所有事物的相互联系中，而这种变化和联系永无止境，没有尽头。

因此，"道"在自然界和宇宙中体现为一种天地万物所遵循的普遍原则，儒家将这种"道"延伸到社会领域中人与人的关系上，即通过道德和修养促进一种社会秩序中普遍遵循的规则和准则的形成。正所谓赵汀阳将儒家的哲学世界分为"物的世界"和"事的世界"，"事的世界"的准则正是"物的世界"的"道"在"事的世界"的投射，天地运行之道的规则在人与人的世界中也会规制人的行为，因此，"事的世界"体现着天地之道。③ 孟子"气"的思想就体现了自身和周围环境的联系和交流，孟子提倡的"养浩然之气"正是这种交流的方式。通过"气"，个人与身边的万物实现了一种互动与交流，从而实现了个人和周围环境互动中的最大德性。到了春秋时期，《吕氏春秋》对这种相互联系的宇宙观做了进一步阐释："所谓'人与天地也同，万物之形虽异，七情一体也'。这段文字可以说是《吕氏春秋》对宇宙一体化理论总的概括。所谓万物'其情一体'，正是指宇宙万物，包括自然、人和社会，尽管殊类异形，却具有统一的法则、结构和运动节奏，并形成一个系统整体。"④

因此，道家和儒家都认为人和作为整体的世界、宇宙处在相互联系之

---

① 沙少海、徐子宏译注《老子全译》，贵州人民出版社，1989，第46页。
② 安乐哲、郝大维、彭国翔：《"道德经与关联性的宇宙论"——一种诠释性的语脉》，《求是学刊》2003年第2期，第6页。
③ 赵汀阳：《共在存在论：人际与心际》，《哲学研究》2009年第8期，第22页。
④ 刘长林：《中国系统思维》，中国社会科学出版社，1990，第110页。

中，而这种相互联系的"关系本体论"是研究整体和部分关系的逻辑前提。作为个体的人并不是在世界中处于孤立的状态，而是始终处于和周围事物与环境不断交流和互动的过程中。人不断从周围的环境中获得新的属性，不管是社会性还是德性，德性是人能够达到新高度的必要前提。当实现道家的"天人一体"或者儒家的"天人合一"理想境界之时，个体的特性与整体的特性一致贯通。对个体的诠释和理解要从个体和整体的关系中去寻找，个体演变成为一种社会性或者关系性、相对性的存在。这和西方社会中将个人与社会、个人领域和社会领域进行二元对立的做法截然不同。在中国的整体主义视域下，个体与整体并不是主体与客体、控制和被控制，针锋相对、截然不同的两个方面，二者像八卦中的阴阳两面，相生相伴，互为前提，力量均等，一切事物的原因和结果都可以从其他事物中找到，同时这些原因和结果又成为其他事物发生的原因。如果进一步揭示，中国传统思维中这种关系性本体论背后的深层次原因应该是时间和空间上的统一。据《易经》所说，将六爻展开，初爻是"本"，上爻是"末"，中间四爻为"体"，表示空间规模，六爻标示由隐至现，由弱到强的发展，这又是一个时间的过程。[1] 西方从希腊人那里继承了时间与空间分离的思维，他们倾向于给现象在本体论上以优先的地位，也就是说世界起源于个人主义之下的个人，或者是整体主义之下的个人和社会，而中国的整体主义则认为世界起源于关系。

二　中国整体主义方法论

中国传统上是一个农耕国家，基于环境的因素，大家只有在劳动形式上团结统一，才能抵御自然灾害，摆脱被自然淘汰的风险，克服恶劣的自然环境进而生存下来。因此，中国最原始的整体主义就是在处理人和自然的关系中产生的。道家主张以天道来规定人道，儒家主张从人的本性出发以实现"天人合一"，在以后的发展中，处理人和社会、人和国家、人和人之间关系的思维方式和处理人与自然关系的思维方式一致。中国和西方的整体主义在本体论上的差别决定了两者在方法论上的不同。中国的这种

---

[1]　刘长林：《中国系统思维》，中国社会科学出版社，1990，第65页。

关系性本体论决定了在社会研究中以"关系"作为基本分析单位。以儒家和道家为代表的中国传统文化认为，世界上的一切人与事物都处于联系之中，无数多的联系构成一个复杂的"整体"，任何孤立的个人和事物都不能脱离与之相联系的"整体"。在这个"整体"中，无数的关系处于不断变化的过程，这些过程也相互渗透，相互作用，在这个巨大的关系网中，人和事物之间的界限只是表面现象，实际上的边界化为无数的交互关系，并且是模糊与流动的。对于任何事物和任何人来说，"关系"和"变化"意味着"完整"的存在，"完整性是始终在同其他事物的共同创造性关系中成长为整体的那样一种东西。完整性就是圆满的关联性"[①]。

儒家认为每个人都存在于个人和他人的关系中，道家认为每个人都处于和自然界的无限联系中，儒家追求人与人之间的和谐，道家追求人与自然之间的和谐，两种对和谐的追求体现的都是对"完整性"和"圆满的关联性"的追求。这说明中国的整体主义认为"整体"的意义要大于"部分"，如果用赵汀阳的话说就是"共在先于存在"[②]，意思是社会和联系不仅先于个人的存在，而且决定个人的意义，只有人处于普遍联系的社会中，人的存在才是有意义的。

这意味着中国的整体主义方法论虽然同样承认整体比部分有新的属性并且整体制约部分，但也和西方的整体主义方法论有一个质的不同：西方的整体主义方法论是实体本体论，决定了西方的研究注重实体的结构以及实体与实体的联系方式，虽然对部分和个人作用的定位不如整体和社会，但是部分和个人仍是过程和系统中的研究重点。相反，在中国的整体主义之下，"关系"实际上成为"整体"的另一种表述形式，只要关系存在，那么"整体"的重要性就会大于部分，甚至将整体作为部分的出发点和归宿，整体决定部分的意义。接下来会进一步揭示如果这种意义被赋予道德和伦理的含义，那么这种决定作用会被无限强化。

在西方整体主义以"个体"为分析单位的研究方式下，研究整体以及

---

① 安乐哲、郝大维、彭国翔：《"道德经与关联性的宇宙论"——一种诠释性的语脉》，《求是学刊》2003 年第 2 期，第 7 页。

② 赵汀阳：《共在存在论：人际与心际》，《哲学研究》2009 年第 8 期，第 26 页。

整体和个体的关系以个人作为出发点，个人的价值和意义没有必要获得社会或者他人的认同和认可。但是中国的整体主义就不同了，以"关系"为出发点，一个人的价值应当放在"关系"中考量，社会效应以及道德就成了一个人做一件事应考虑的前提因素。个人完善的修养与德性是整体性精神的强化，而且是整体性精神形成过程中的一部分。所谓"修之于身，其德乃真；修之于家，其德乃余；修之于乡，其德乃长；修之于国，其德乃丰；修之于天下，其德乃普"[①]。

有些学者正是从德性对人的整体性强化这个角度认为儒家思想持"个人主义"观点，甚至认为儒家思想中的"个人主义"比西方的"个人主义"更为纯粹。因为个人主义是民主主义的产物，它随着身份平等的扩大而发展，身份平等造就了大量的"个人"，这些人无所负于人，也无所求于人，他们习惯于独立思考，自认为自己的命运只操纵在自己手里。[②] 儒家的个人主义有别于西方个人主义上单纯的、无差别的个人平等，西方的平等是一种在选举制度上的、量上的、形式化的绝对平等，但是中国是在社会关系中认识个体的，所以这种关系中产生的平等来源于个体与整体在质上的一致性。但实际上这种观点是有失偏颇的，现实中国社会没有向上述的个人主义方向发展。因为通过"关系"界定的"整体主义"更加注重整体的作用和性质，个人处于被动与次要的位置，梁漱溟说："在中国几乎看不见有自己，在西洋恰是自己本位，或自我中心。"[③] 在现实的中国社会中，从与整体关系的角度来界定的个体已经丧失了自身的价值，而被打上了与整体一致的价值标签，个人成为社会一部分而存在，个人的存在价值是被忽视的。近代新儒学代表人冯友兰从另一个侧面诠释了中国从古代进入现代社会后，这种整体与个体的关系并没有改变，只是从之前的家庭本位变为社会本位。在以家为本位的社会中，家庭是基本的社会和经济单位，在以社会为本位的社会里，国家是经济单位，生产已经社会化，个人离不开社会，与社会融为一体。他说："在生产社会化的社会中，人与其

---

① （魏）王弼注《老子道德经注校释》，楼宇烈校释，中华书局，2008，第143～144页。
② 夏伟东：《论西方个人主义》，《学习与探索》1990年第6期，第26～34页。
③ 梁漱溟：《中国文化要义》，江苏人民出版社，2001，第90～91页。

社会，在经济上成为一体。在生产社会化的社会中，如果社会是以国为范围，则其中之人即与国成为一体。"① 不难看出，冯友兰认为进入现代社会，与小农经济相适应的家庭至上的整体主义减弱了，取而代之的是社会至上的整体主义。冯友兰将社会的存在看作是既定的，社会之所以存在，必然有其合理性，而其合理性体现在社会必然有其意志、理性和道德责任感，后者是社会的精神和灵魂。社会离不开个人。他承认社会中个体的差异，而且是这些不同的差异性个体构成了社会，这是社会存在的前提条件。"一个社会，不是只由一种人所能组成底。它需要许多不同底人。它需要'异'。这些'异'，就是异说，是'相反'。但他们都合在一起，方能组成社会。"② 由此可见，冯友兰也是从整体与个体的关系角度来分析作为个体的"人"的性质，人并不能离开社会而孤立存在。在这点上，冯友兰和古代的儒家思想家们是一致的。

三　中国整体主义价值论

每个人都处在和他人的关系中，每个人不可能先于这种关系而存在，也不可能先于社会整体而存在，正如赵汀阳所说："在共在之前，我只是一个自然存在而尚未成为一个价值存在。"③ 人如果没有社会属性，就无法找到自己存在的意义，儒家思想鼓励人们去人际关系中寻找意义，"人必须在人那里证明人的意义，这才是完美的解决——孔子把存在价值论证限制为人间的在世证明，这是精明的选择"④。正是依照这种整体主义下的关系建构，儒家在全社会铺设了一张从个人、社会到国家的巨大网络，这个网络包含了个人和家庭的伦理原则以及国家的典章制度，在这样一个严格有序的网络中，每个人都有自己的职责和地位，个人的职责和意义也是由网络中的位置即离中心的远近距离决定的，位于金字塔顶的人"贵"，位于金字塔底端的人则"贱"，离自己近的"亲"，离自己远的则"疏"，这就是儒家所讲的伦理，即《礼记·祭统》所讲的十伦：鬼神、父子、贵贱、

---

① 冯友兰：《三松堂全集·新事论》，河南人民出版社，1986，第261页。
② 冯友兰：《三松堂全集·新原人》，河南人民出版社，1986，第601页。
③ 赵汀阳：《共在存在论：人际与心际》，《哲学研究》2009年第8期，第24页。
④ 赵汀阳：《共在存在论：人际与心际》，《哲学研究》2009年第8期，第24页。

亲疏、爵赏、夫妇、政事、长幼、上下。

此外，儒家提倡"吾日三省吾身"，认为个人修身养性是提升自己道德修养的途径，通过反省自己，反省自己和他人的关系，反省自己和自然的关系，方可以达到和自然、世界、他人最完满的和谐状态。社会的规范和秩序内化成为个人的自觉，主观、客观融为一体，人格发展的最高目标就是自己的精神延伸至周围的环境并且在这种关系中获得最大的德性，社会和个人的关系自然化并延伸到宇宙，实现最大程度的一体化，反过来，"个人达到宇宙的一体性，同时也就达到了与团体的一体性"①。于是，儒家将道德引入"关系"使整体主义的本体论和价值论实现了合一。"通常意义上，应在（ought to be）和存在（to be）是两个不能还原的问题，就像两条平行线不能相交……"②，但是在中国的整体主义之下，价值论和本体论成了一个问题，这也是中国和西方在整体主义价值论上的根本区别。"如果人们以个体原则为准去计算利益和价值，冲突就是无解困境。只有当人们能够以关系为准则去理解利益和价值时，合作和幸福才成为可能。人们难以合作的原因与其说是自私，不如说是愚蠢：人们往往没有意识到自私最大化不等于利己最大化。最大最重的利益和幸福都是无法独占的。幸福的不可独占性颠覆了个体原则的绝对性和有限性，同时证明了关系原则的绝对性和优先性。"③

"和谐"是最能实现"利益最大化，冲突最小化"的策略。④ 道家文化和儒家文化，"这两种文化都将'和谐'理想转化为最高的价值观。和谐的概念使两者都强调群体之于个人的重要性。然而，两者之间在和谐的概念上是存在区别的：强调个人修养的儒教中的精英主义为个人的发展提供了某种程度的余地，它有时候接近认识到，个体与文明世界联系在一起、而群体行为是与野蛮状态联系在一起的。……因此，在儒教中，和谐首先是与社会关系联系在一起的，是人与社会的统一；而在道教中，和谐是同自然联系在一起的，最终的目标则是主观世界与客观世界的一致以便

---

① 墨子刻：《摆脱困境》，颜世安、高华译，江苏人民出版社，1995，第78页。
② 赵汀阳：《共在存在论：人际与心际》，《哲学研究》2009年第8期，第23页。
③ 赵汀阳：《共在存在论：人际与心际》，《哲学研究》2009年第8期，第25页。
④ 赵汀阳：《共在存在论：人际与心际》，《哲学研究》2009年第8期，第27页。

合而为一"①。既然在关系主义的本体论和方法论下界定整体主义，那么中国整体主义中的道德在调节"整体"和"个体"的关系方面起到决定性作用。因此，道德对整体主义来讲有价值性的意义。

道德无关乎自身之外的任何社会关系和社会条件，仅仅出于内心的自我修养。而这种自我修养是人类与生俱来的能力，人们天生就有追求善的事物、排斥恶的事物的潜在能力。在自身修养的基础上，个人可以和自然、社会、他人、上天自然地搭起一座桥梁，不仅可以感知自己，还可以通过自身的精神力量感知世间万物。因此，儒家希望通过对自身的严格要求，每日反思自己是否对朋友讲信用，是否对人忠诚，也就是说时刻强调对他人尽义务，相反对自身的关注很少，只有这样才能和"天""地""他人"建立一种整体性的联系，只有他人更好地生活和存在，个人的价值才能有所体现，达到这种联系就是人本性的体现。在道德调控的整体主义思想下，每个中国人都希冀着能有一个"整体"给自己依靠，这样才最具有安全感，而自身也只有在"整体"中才能有意义和价值。具体来讲，道德对个体和整体的调控体现在两个方面：一是"群"的观念；二是义和利的观念。

1. "群"的概念

几千年以前中国就有"群"的概念，"群"是"社会"概念在古代的雏形。先秦时期的"群"不能与现代意义上的"群体"等同。现代意义上的群体是两个或两个以上人的集合。先秦诸子百家通过"群"来界定社会结构和人类的生活组织形式，这个意义上的"群"不仅带有一定的社会学含义，还带有一定的形而上意味。从国家和个人的产生时间上讲，虽然没有个人就不会组成群体社会，但自人类诞生之日起，人并不是孤立地生活在这个世界上，而是以群体的形式生存延续了下来。这个群体的形式经过演变发展，从最初的氏族演变为后来的国家，所以人类自诞生之日起，就面临如何处理群体和个人关系的问题。从群体和个人的重要性上讲，群体重于个人。在中国五千年的历史上，有大量的历史文献歌颂个人为

---

① 王景伦：《毛泽东的理想主义和邓小平的现实主义——美国学者论中国》，时事出版社，1996，第92页。

群体奉献的思想，中国的传统文明被深深地打上了这种思想的烙印。

墨家也从"兼爱无差等"的角度强调个体在"群"面前，应当毫无保留地服从和奉献，"兴天下之利，除天下之害"是其基本主张，墨家不仅身体力行，践行以上主张，还进一步提出"尚同"之说。"尚同"的含义里面有群体沟通的意味，其基本原则是"上之所是，必皆是之；所非，必皆非之"①。墨家虽然注意到社会认同对于个人的重要性，但是同时又将社会的意志升级为最高意志，有一种将个体湮没于社会中的倾向。法家也忽视个体的存在性，强调"群"的绝对性，而且这种观念被进一步深化和加强。法家强调君权至上，"法""术""势"皆服从于君权，是君主驾驭天下的工具，君主是整体的化身和象征，君权的合理性就在于它代表着整体的利益，这既是对君权的论证，又渗入整体优先的原则。② 以公私来区分整体和个体、君主和平民，并且将二者相对立，在对立中，法家倾向于"无私"，但"无私"并不是杜绝自私，而是在更广泛的意义上消除个体和群体的界限，使个体融入君主象征的抽象整体，这是"以君主（虚幻整体的象征）之'公'排斥自我之'私'的价值原则，以带有明显的整体主义性质"③。董仲舒对先秦儒学进行改造使儒家的思想体制化、官方化、合法化，君君臣臣、父父子子的等级规范以及君为臣纲、父为子纲、夫为妻纲的道德要求逐渐成为中国意识形态，并且逐渐成为国民的普遍思想心理。君臣、父子的绝对等级关系在社会生活中削弱了个体的价值，弱化了个体的存在意义，在等级中的人依附于这个等级，其思想强调以格物致知来修身、齐家、治国、平天下。可见，平天下是最高层次的追求，退而求其次才修身，最终的追求和目的是平天下。荀子提出人和动物的根本区别是人能自觉地、有目的地形成有分工、有层次的组织，而其中的个人依赖于这一组织生存下去，群体不存在了，个人也将不存在。荀子强调"群"是人类生活的一种基本形式以及人在群体中的服从性。儒家的群已观念在发展的过程中也融合了墨、法两家的思想，从后来的程朱理学中不难看出

---

①　张岱年、方克立：《中国文化概论》，北京师范大学出版社，2015，第315页。
②　张岱年、方克立：《中国文化概论》，北京师范大学出版社，2015，第315页。
③　张岱年、方克立：《中国文化概论》，北京师范大学出版社，2015，第315页。

其加强的趋势。理学承认个体的完善是有意义的，"治天下有本，身之谓也"①，但是又将其理解为一种"必使道心常为一身之主"②，即将自我升华为一种道心一致的主体，一种普遍化的我，个体实际上成为"大我"的化身，如果以"个体"出现的我必然是否定，那么"无我"就是一种消融于"大我"的象征。③

综上，作为中国主流文化的儒家思想，虽然在一定程度上承认"成己"的重要性，但是又在发展的过程中和墨、法两家的思想融会贯通，在群己的关系上面，更多强调的是群体的重要性。虽然这种观念有一定的合理性，但是过分强化整体，从而忽视个体的价值和多样性发展，在一定程度上带来负面作用，中国传统的整体主义思想不可避免地带有"重视群体，轻视个体"的烙印。

2. 义利之辨

个体和整体的关系还体现在"义利之辨"上，先义后利、以义制利是传统义利观的基本内容和合理内核。"义"是整体所代表的道德准则，"义"不仅是处理个人和整体的一种道德要求，还是处理人和人之间关系的基本准则。"利"代表个人利益，在整体利益和个人利益孰重孰轻的问题上，春秋时期的思想家们进行了一番争论。④ 管仲就曾经提出国家的粮仓充盈了，国家富强了，人民才会有道德的基本规范，国家是人民唯一可依赖的坚强后盾。后来，儒家思想占据了中国传统文化的主导地位。孔子认为，在一定时候可以"杀身成仁"，个人要服从集体、国家、社会，并且认为"见利思义"是区分君子和小人的标准。孟子要求"先义而后利"，培养"配义与道"的浩然正气。荀子明确提出"先义而后利者荣，先利而后义者辱"⑤。董仲舒对孔孟思想进行继承总结，认为对于人来说，"利"是用来

---

① （北宋）周敦颐：《通书·家人睽复无妄》，转引自张岱年、方克立《中国文化概论》，北京师范大学出版社，2015，第316页。
② （南宋）朱熹：《朱子语类·卷六十二》，转引自张岱年、方克立《中国文化概论》，北京师范大学出版社，2015，第316页。
③ 张岱年、方克立：《中国文化概论》，北京师范大学出版社，2015，第315~316页。
④ 吕明灼：《义利之辨：一个纵观古今的永恒主题》，《齐鲁学刊》2006年第6期，第4~12页。
⑤ 张岱年、方克立：《中国文化概论》，北京师范大学出版社，2015，第217页。

养身体的，"义"是用来养心的，"义"是人心理上的需要，"利"是人生理上的需要，而且儒家学说正是从"心"的认知中发展出它的道德学说，可想而知，"义"的地位高于"利"。董仲舒极力降低人们追求物质利益的价值，认为对人们追逐利的心理是要随时提防的。程朱理学将这种义利观推向了极端，认为"利"相对于"义"而言是次要的，要得到"利"，要先实现"义"，也就说将义利与天理人欲等同，一方面强调"正其义不谋其利"，另一方面又认为"正其义而利自在，明其道而功自在"，从而得出了"利在义中，义中有利"的结论①，使二者成为两种极端的对立，没有互相共存的空间。明清以后的思想家虽然批判了程朱理学的"义利观"，但实际上还是坚持了"义中有利"的"义利观"。以"义"为本，以"义"为核心是中国传统"义利观"的根本特征与价值取向。

由此可见，中国的整体主义文化表现在"群"上的观念和"义利"上的观念都是要求人们在现实中和群体中实现自我价值和自我认同，甚至要求个人完全放弃自身的利益和价值。事实上，"义"和"利"就是一种道德上的价值判断，是一种处理"群"和个人关系的道德标尺：在人际关系中，强调妥协、容忍、律己和为他人尽义务、尽责任；在自己和国家、民族、社会的关系中，强调无私奉献、舍生取义。

第二节 整体主义研究中国行政模式的理论假设

研究中国的行政模式需要一定的方法论作为支撑。方法论和具体的研究方法、研究技术不同。任何科学研究都离不开一定的研究方法和研究技术，但是研究方法和技术更为具体，例如收集资料、分析资料的手段与方法，统计、量化、分析的过程。因此，研究方法和技术仅仅提供了通向研究目标的道路，而方法论是一种"元方法"，亦即关于方法的"哲学"或一种"思维的原则"②，是关于方法的方法，并非技术和程序的简单相加和罗列。从这个角度上说，方法论更为抽象，富有浓厚的哲学意味和价值判

---

① 张岱年、方克立：《中国文化概论》，北京师范大学出版社，2015，第217页。
② 芮国强：《行政学方法论：内涵与结构》，《中国行政管理》2008年第9期，第44~49页。

断，缺乏实证或经验色彩，对行政学研究更具有思想和目标上的指导意义，一定程度上决定研究方法和技术适用的成功与否。因此，方法论体现了对某一学科和研究对象的研究进入一定阶段后，对自身所运用的思维方式和认识方法进行的思考和重新审视，并且运用一定的概念和假设，通过理论抽象和逻辑推演获得有关方法的知识、理论和模型，为某种方法的适当性甚至正当性提供科学依据。（方法论必然体现了研究人员的研究立场和价值判断）"'方法论'是对整个学科分析思路的理论说明，它必须设定该学科的逻辑起点、基本范畴、前提预设以及检验手段等相关问题。"[1] 芮国强认为行政学方法论的范畴应该包含五个方面：概念、假说、模式、理论、体系。他认为这是行政学方法论的抽象系统，是对纷繁复杂的行政实践和行政现象进行抽象认识和思维加工并得出结论，各个结论通过具体逻辑关联进而形成一定的理论。[2]

在行政学方法论内涵的五个方面中，"假设"又称为"假定""假说"，是行政学方法论的理论基石和理论起点，是从哲学思想出发，以一种不言自明的命题形态出现，预设着某一学科进行逻辑推演的前提起点。行政学方法论的假设涉及人性、权力的性质、个人和组织的关系、组织的运作形态等多方面，不同的方法论的理论假设都有所不同，但是所有涉及"人"的科学都有一个基本的逻辑起点，就是关于"人性"的假设。本章的第一部分将中国整体主义思想和西方整体主义思想进行了比较，明确了其思想渊源和基本范畴，得出中国整体主义方法论（以下简称整体主义方法论）、本体论以及价值论相统一的结论。在此基础上，将整体主义应用于中国的行政学研究，也必将通过相关的概念、假设、模式等路径进行科学的理论构建，而整体主义的本体论、方法论、价值论的统一性是构建这一理论的前提条件。鉴于篇幅，本节介绍整体主义方法论的三个基本假设：第一，关于"人性"的假设；第二，关于行政系统循环性、开放性和稳定性的假设；第三，关于行政人员"完整性"获得的假设。这三个方面构成了基于整体主义的行政理论的基本逻辑前提、演绎推理的起点以及整

---

① 芮国强：《行政学方法论：内涵与结构》，《中国行政管理》2008 年第 9 期，第 45 页。
② 芮国强：《行政学方法论：内涵与结构》，《中国行政管理》2008 年第 9 期，第 46 ~ 47 页。

个理论的基石。认识和分析这些假设，对于我们运用整体主义方法论对行政模式进行研究有决定性的意义和作用。

一 人性的假设

1. 关系人的假设

对"人性假设"的认识，西方行政学经历了很多阶段，有"工具人""原子人""经济人""理性人"等诸多假设。例如，布坎南根据"经济人"的假设提出了富有自身特色的公共选择理论；西蒙的研究以"有限理性人"为前提构建了他的行政行为理论；里格斯以"生态人"为前提构建了他的生态行政学理论。如果将整体主义应用于中国的行政学研究，关于人性会有两个前提预设：一是关系人；二是道德人。所谓"关系人"有三层含义。首先，传统社会的行政人员处于社会的等级关系网络中，整个行政等级不过是家庭关系的扩大化，行政关系和家庭关系、社会关系交织在一起，我们有时也称之为"裙带关系"；其次，依照整体主义的方法论，行政人和周围的行政组织、行政系统以及其他行政人员时刻处于相互的联系中；最后，行政人员和自身所处的时代以及文化背景有着必然的关系，其身上带有传统思想的烙印。

（1）行政关系和家庭关系、社会关系交织在一起

在儒家看来，"国"是"家"的延伸，国家的政治伦理也是家庭伦理的延续，朝堂上的君臣关系是家庭中父子、夫妻、朋友关系的延伸，家庭中讲究夫妻之爱、父子之敬，国家和社会中讲究朋友之信、君臣之忠，这些构成了最基本的社会关系，即"人伦"。[①] 简言之，"中国传统社会以父与子的绝对服从关系为基础，从而衍生出兄与弟、夫与妻、君与臣的服从与依附关系，……统治者对于国的统治具有父之于家的权威"[②]。这种关系结构导致了中国的社会结构是以"己"为中心，像水纹波浪一样向外推

---

① 尉鹏阳、孙津：《儒家思想对古代文官制度的影响及当代启示》，《中共山西省委党校学报》2014 年第 5 期，第 101～103 页。

② 尉鹏阳、孟令轲：《行政人格的塑造是行政体制改革不可忽略的一个重点》，《科技智囊》2015 年第 12 期，第 47 页。

开，自己和别人的关系越推越远，越推越薄。①

儒家将人与社会结合在一起，道家将人与自然结合在一起，这两者在理论上是相通的。中国的道家文化追求一种"天人合一"的理想境界。道家追求的"道"不同于儒家文化中由人的本性引发的"道"，而是一种超自然的"天道"。虽然儒家和道家的出发点不同，但一定程度上引发的结果是相同的。"这两种文化都将'和谐'理想转化为最高的价值观。和谐的概念使两者都强调群体之于个人的重要性……在儒教中，和谐首先是与社会关系联系在一起的，是人与社会的统一；而在道教中，和谐是同自然联系在一起的，最终的目标则是主观世界与客观世界的一致以便合而为一。"② 即道家中"天人合一"的精神追求为人们在人际关系中的努力奠定了形而上的哲学基础。这两者都是要将主观与客观结合在一起，这种结合都需要对自我实现超越，隐藏自己作为独立个体的精神追求，甚至要克服自己的私人欲望，牺牲自己的个人利益，这也形成了中国人长期以来的一种精神状态。

中国人非常重视"关系"，包括人际关系、个人和社会的关系。中国人希望在关系网络中或者说大的整体中实现自己的大我，也就是说人们通过社会行为来实现精神上的满足。在道德的维系下，人与人之间形成围绕着关系网展开的依赖关系，因此缺乏自我独立的精神，强调依从性而不是主动性。儒家思想并没有排斥、否定个人的尊严与价值，但是很大程度上，个人价值的实现是通过实现了社会的期望、遵守了礼节和义务、履行了自身的社会角色以及增加了社会的福利来判断的，个人的地位是由社会成员资格决定的而非自身的性格与特性决定的。

"中国人是更多的依据他们在群体中的成员资格而不依据自己的个性来确定自己的社会地位的。如此强调个人对集体的依赖，就必然把关系和忠诚放在重要的地位。由于家庭是中国最明确的集团，是一个十分重要的社会实体，派性也就在很大程度上与家庭和婚姻联系在一起了。在国家这

---

① 费孝通：《乡土中国》，人民出版社，2008，第30~31页。
② 王景伦：《毛泽东的理想主义和邓小平的现实主义——美国学者论中国》，时事出版社，1996，第91~92页。

个词语中，国意味着公众，家意味着家庭。在中国，决定着家庭生活与政治生活的关系与忠诚，使国家成为一个'公共的家庭'。"① 根据韦伯和帕森斯的观点，西方社会秩序的基础之一就是道德普遍主义②，因此，西方的清教伦理极力反对的是裙带关系和亲疏关系，而儒家的思想与之相反。儒家在道德上支持的是个人与对于特定个人的私人关系——在道德上强调的只是这些个人关系。"为儒教伦理所接受和支持的整个中国社会结构，是一个突出的'特殊主义'的关系结构。这样，凡私人关系范畴之外的各种关系，在道德上就是无关紧要的，而且普遍不愿对这些关系承担道德义务。"③ 中国社会根据亲疏远近为每一层关系都贴上了互惠性的标签，而且这种原则有着普遍性的意义。④ 每个人都有一个"长的平衡单子的附加项，这个单子上写着两个个人或家庭之间的关系。在既存私人关系的前提下，某个特定的报答能够很容易地产生效果，至少是出现裙带关系和任人唯亲"⑤。因此这种私人的关系也极易使一些机构出现特定化的倾向，在传统中国，即使是在履行官方职责的情况下，如果碰巧对某个特定的人有益，他也会期望帮助的人对他心存感激。

（2）行政人员和自身所处的时代以及文化背景有必然关系，其身上带有传统思想的烙印

艾森斯塔特在其《帝国的政治体系》中分析了在中国的传统社会里，传统文化取向对统治者和被统治者的影响。"分析特定文化取向的政治体系中的政治过程的最好出发点，是考察其统治者的合法性的性质。对文化价值和目标的强调，总要涉及把一个世袭的或新生的群体，确认为那种独特文化传统的长久维系者。"⑥ 统治者的合法性基础不仅仅以世袭为前提，

---

① 王景伦：《毛泽东的理想主义和邓小平的现实主义——美国学者论中国》，时事出版社，1996，第 101 页。

② 与之相对应的是中国传统文化在道德上的特殊主义，特殊主义和普遍主义首先由马克斯·韦伯在《宗教与社会学》中提出，后被塔尔科特·帕森斯进一步阐明。

③ 〔美〕塔尔斯特·帕森斯：《社会行动的结构》，张明德、夏遇南、彭刚译，译林出版社，2012，第 616 页。

④ 〔美〕费正清编《中国的思想与制度》，郭小兵等译，世界知识出版社，2008，第 339 页。

⑤ 〔美〕费正清编《中国的思想与制度》，郭小兵等译，世界知识出版社，2008，第 339 页。

⑥ 〔以色列〕S. N. 艾森斯塔特：《帝国的政治体系》，阎步克译，贵州人民出版社，1992，第 232 页。

还要看其对"天命"有所领受，以及他的行为合乎天命。传统文化不仅影响了领导者的权威，而且影响了中国社会的政治过程，这种文化取向决定的基本合法性进一步影响了统治者的基本目标以及所需资源类型的形成。此外，更重要的一点是中国传统的官僚是儒家文化熏陶下的阶层，他们的权力都是从皇权那里衍生出来的，本质上是依赖于皇权的，而一些奉儒家思想为圭臬的理想主义官僚认为，王权也应服从于儒家理想，期望指点江山，定夺国家大计，但情况往往相反，结果都以皇权的胜利而告终，这一现象是中国传统文化下的特有矛盾，也是中国传统行政权力结构中的不稳定因素。[①]

（3）行政人和周围的行政组织、行政系统以及其他行政人员时刻处于相互联系中

行政系统和外在的环境、行政系统组成部分之间是一种相互联系、相互依赖的关系。也就是说，行政系统赖以存在的前提和基础不仅是自身构成部分和外在环境的相互适应，还是内在组成部分的相互适应，这是能量和物质在内部和外部进行交换和平衡的自然结果，这是一般系统理论的基本原理，也是中国传统整体主义思维的题中之义。外在环境中的各种事件和经验不断地渗透，和行政系统相互影响、相互作用、相互依赖，并且影响行政系统的某些特征。从这个意义上讲，行政系统只是具有相对"封闭性"，任何一个行政过程也只是具有相对"终结性"。事物与事物之间、过程与过程之间都有着一定的交互关系，行政系统有着流动和变化的边界，任何行政过程的结束也是开始。行政系统类似于一只生长于自然界的花朵，它的成长需要土壤中的营养以及阳光和空气，这些因素必不可少地构成了花朵的生长要素，这些要素相互依赖，太阳、空气使花朵吸收土壤中的营养，土壤中的营养滋润着花朵长大，正是这些因素发生的一连串反应才形成有机的系统。根据这一分析前提，本书才相应地提出行政人员和行政组织、行政系统以及其他行政人员处于相互平衡、相互和谐的关系，因为只有把行政系统看成一个具有动态平衡特征和自我调节作用的循环，才容易发现组成部分的相似性和关联性，"由于把每一件事物都看作一个具

---

① 〔美〕费正清编《中国的思想与制度》，郭小兵等译，世界知识出版社，2008，第87～88页。

有相对独立性和稳定性的循环性整体，所以当认识向外扩展时，人们自然会走借助于一个整体去认识另一个整体的途径"①。

2. 道德人的假设

中国的整体主义在调节人与人、人与社会的关系上，最常用以及最为见效的方式是道德。一些学者认为中国传统社会的人际关系突出了"伦"。②"五伦"以家庭为本位，把血缘关系中的家庭伦理上升为政治和行政关系中的政治伦理，构建起家国同构的伦理系统。而"五伦"的精神就是整体主义，是一种"强调整体秩序的精神。它把整体秩序作为最高价值取向，个体应在既有的人伦秩序中安伦尽分，维护整体的和谐"③。道德的力量强大到从一个人的精神修炼到一个社会的稳定，都由道德来完成。在中国的"个体"和"整体"关系中，整体的价值和性质甚至决定了个体的性质和价值，由此可见，个体处于从属和次要的位置，而两者之间界限的模糊和消解正是在道德所建构的庞大的哲学体系下发生的。当家族中长幼关系上升为政治上的等级，"亲亲尊尊"延伸为"君君臣臣父父子子"的政治伦理，政治伦理化了，伦理也政治化了。"一方面，政治的等级尊卑从血缘亲疏中引申出来，具有神圣的、天经地义的性质；另一方面，又十分强调政治的道德价值与伦理机制。"④ 因此，伦理在传统的社会中起到了"准宗教"的作用，甚至"道德为理性之事，存于个人之自觉自律……中国自有孔子以来，便受其影响，走上以道德代宗教之路"⑤。

"道德人"是"关系人"第一层含义的延伸，维系着行政关系的不是韦伯的法理型权威，而是道德。"道德人"是"关系人"的前提，讨论行政人的属性时，离开了道德属性，"关系"就无法正常维系，"关系人"也无从谈起。这种道德一方面体现为维系行政关系的"君与臣"的伦理原

① 刘长林：《中国系统思维》，中国社会科学出版社，1990，第 27 页。
② 李金泽：《中国人的关系意识与中国社会的法化》，《法制与社会发展》1999 年第 2 期，第 79～88 页。
③ 张岱年、方克立：《中国文化概论》，北京师范大学出版社，2015，第 224 页。
④ 张岱年、方克立：《中国文化概论》，北京师范大学出版社，2015，第 225 页。
⑤ 梁漱溟：《中国文化要义》，江苏人民出版社，2001，第 103 页。

则，另一方面也体现为关于"报"的道德准则。"中国的报答原则为所有的社会关系都规定了互惠性……这一原则的作用趋向于任人唯亲，因为中国的社会报答很少是独立的单个交易……而是两个个人或家庭之间的个人关系。"① 此外，中国传统上重视行政人员的道德规范，"道德榜样"成为衡量地方行政人员政绩的重要标准，甚至金字塔顶层的统治者也要受到道德的考量。中国的整体主义思维使行政人无论如何也无法成为价值中立的政策执行者。因此，在中国发生大变革的背景下，对于当今的行政体制，传统的"道德人"和"关系人"概念依然在一定程度上适用，中国人无法完全摒弃传统的处理原则和思维方式。

二　行政系统循环性、开放性和稳定性的假设

用整体主义分析行政系统，必然把行政系统看作一个与外在环境共同存在的、自身不断变化与演化的系统，这是本书对行政模式研究做的另一个基本假设。从具体内容上来说，行政系统内部组成部分的特性与结构都可能随着环境的变化而改变，而且也会在和其他部分、整体的互动中改变，这些改变又可能引发整个行政系统的改变并在行政系统的结构和功能上有所体现。简言之，行政系统和其组成部分、环境在动态中实现整体的动态平衡。从时间上看，中国行政模式状态可以说无时无刻不在变化中，可以是长期的变化，也可以是短期的变化，但是行政模式某个因素的短期变化往往受到诸多因素的干扰和影响，研究对象也大部分是个例和突发性事件，这种分析路径难以发现可以值得借鉴的经验，也更难得出科学性和规律性的结论。于是将行政模式放在一个长期的历史维度中，通过分析一系列偶然性事件，找出一些稳定性强、有规律、一以贯之的特征和因素，并且加以剖析，即通过将中国的行政模式放置于历史视野中，对行政模式和外部环境的关系等方面进行纵向对比研究，从而找出行政模式运行的一般原理或者运行规律。这种结论的得出基于一个基本的假设和前提，也就是行政系统的循环性、开放性和稳定性假设。

---

① 〔美〕费正清编《中国的思想与制度》，郭小兵等译，世界知识出版社，2008，第339页。

（1）循环性

在中国传统的整体主义思维中，万事万物都是循环往复的，每一个循环圈都是一个整体，如果要充分把握事物的运行轨迹，全面深入地认识事物，需要把该事物在循环运动中的各个阶段情况综合起来考察和认识，而不能仅仅认识其中一个环节或少数过程。对循环过程中各个阶段的剖析是必要的和必需的，但最后还是要将认识的成果综合起来，从整体的角度去认识，如此才能把握事物的特性。① 因此，对行政系统的认识和考察必然将行政系统看作一个动态的、循环的运行结构，逐一考察行政系统运行过程中的每个过程和环节，从每个环节和过程中总结、提炼行政特征和行政特点，然后综合起来剖析整个中国行政模式的本质特性。

"中国古代学者普遍承认，宇宙在时间和空间上具有无限性，品物的种类、属性无穷多样，一切事物处于永恒的无穷变化中。然而他们正是通过……循环结构来建立关于无限和永恒的观念的。"② 行政系统的运动和变化在一个时间过程中展开，不仅有一定的时间结构，也有一定的空间结构，也就是说一定的物质承担者在空间中展开。做循环运动的事物，往往会重新回到原先的出发点，通过一个环节一个环节地追究事物的原因，一定会回到最初的结果那里，因中有果，果中有因，互为因果，这是中国整体主义思维的另一个特征。"路·冯·贝塔朗菲说：'反馈系统中的因果链……只是加了一个反馈环路，因而变成循环的因果关系。'可见，反馈以循环的因果链和结构为基础。反馈调节说到底就是对作用的一种特殊反作用。"③ 这一种反馈和调节的理论对于分析中国传统的行政行为、行政政策以及行政组织的治乱循环都有重要的意义和作用。

（2）开放性

在空间上，行政系统具有开放性。行政系统不是孤立的存在，行政系统和周围的文化、社会、地理、自然、环境、经济、宗教、伦理等一切可以观察到和观察不到的现象发生关联和交流，这些关联会对行政系统产生

---

① 刘长林：《中国系统思维》，中国社会科学出版社，1990，第24页。
② 刘长林：《中国系统思维》，中国社会科学出版社，1990，第25页。
③ 刘长林：《中国系统思维》，中国社会科学出版社，1990，第26页。

影响，无数的关联甚至可以改变行政系统的性质。因行政系统和外界进行着物质的、文化的、观念的以及其他能量的交换，系统内的结构和主体都是整体的一部分。因此，分析中国的行政系统必须探讨本国的社会文化、历史诸要素甚至是地理、经济等因素，从行政系统与周围因素的互动中建立稳定的"有机体"和模型。

（3）稳定性

在时间上，行政系统具有稳定性。行政系统超越了现在的形态，也包含过去演变之前的形态以及未来将要变化成的形态，并且沿着时间轴不断延续。整个行政系统和行政系统的组成部分都处在变化和变动的过程中，处在自身和周围环境不断的交流过程中，但是这并不代表行政系统是无法观察和分析的，行政系统相对和暂时的稳定可以为我们回顾它的过去、剖析它的现在、预见它的未来提供理论和研究的前提。行政系统在时间上也具有相对稳定性，可以进一步分析其结构，子系统，行政人员的行为、态度、人格，行政组织的形态以及行政惯例等。行政系统的组成部分可以被划分为很多的组成部分或子系统，行政系统的性质影响、制约组成部分的性质，同时这些组成部分的边界只是表征意义上的，实际上它们之间并没有清晰、明确的边界。行政系统并不是组成部分或子系统在数量上的简单相加，而是一个地位、性质、功能和作用高于任何一个部分的全新综合体。整体主义的方法论就是要将研究对象置于一个多元化的空间和变化的时间中，在这样的空间和时间中，作为整体的行政系统具有研究意义上的优先性，通过对行政系统的整体分析，将其作为研究的起点和基本单位，进而进入对一般规律、微观行为和子系统的研究过程中。

三　行政人员"完整性"获得的假设

在整体主义方法论下，行政人员在行政系统中的作用不是孤立的。对行政人员的认识要从立足于个人和组织之间的关系，从整体上入手，在整体中处理问题，强调整体的结构和功能，并倾向于将行政人员和组织综合起来进行认识。在行政人员和行政系统的相互联系和相互依赖中，行政人员不能离开整体而存在，脱离了整体就失去了存在的意义，个人是在整体制约下的关系性个体，这种关系性体现在行政人员和整体、行政人员之间等关系中。整体主义思维下"关系"是第一位，行政人员的实体是第二位，关系性的获得就是"整体性"的获得，只要行政人员处于关系中，那么行政人员就从客观上获得了"整体性"，因此，中国传统的整体主义思维赋予了行政人员一个重要属性——"整体性"。

　　但是行政人员的"整体性"并不意味着行政人员就拥有"完整性"。所谓"完整性"是行政人员在职业生涯中所要追求的伦理和道德准则，是一种"圆满的关联性"。行政人员是在与其他事物的互动关系中成为"整体"的，这是一个行政人员和周围事物共同作用、共同创造的过程。在这个过程中，行政人员塑造周遭的行政组织、行政文化等行政系统诸要素，同时，行政系统诸要素又塑造着行政人员的性格和人格，"不仅变化是事物不可或缺的构成性特征，而且，真实不虚的创造性还是这种不断变化过程的一个条件。也就是说，我们当下的经验是由那些流动的、能够被渗透的各种事件所构成的，这些事件既保证了持续性，也保证了新生事物的自发涌现；既保证了连续性，也保证了分离"①。既然行政人员和周围的行政环境以及行政系统处于每时每刻的变化和交流中，那么"完整性"的获得过程就是行政系统塑造行政人员的行为、人格、特性的过程，也是行政人员反过来影响行政系统的过程，这个过程是一个创造的过程。孟子曾经提到他拥有"养浩然之气"的能力，以个人为中心和焦点，滋养着周围环境最广阔的"气"，而其方式就是在最广的周围环境因素中获得最大程度的德性，进而实现"万物皆备于我矣。反身而诚，乐莫大焉。强恕而行，求仁莫近焉"②。行政人员要和周遭的环境实现交流，有赖于行政人员的"内省"或者"浩然之气"的养成，"内省"是整体主义之下人的基本能力，同时也是行政人员和行政环境实现交流的重要途径，其结果是实现行政人员的最大德性以及自身的"完整性"。

---

① 安乐哲、郝大维、彭国翔：《"道德经与关联性的宇宙论"——一种诠释性的语脉》，《求是学刊》2003 年第 2 期，第 7 页。

② 安乐哲、郝大维、彭国翔：《"道德经与关联性的宇宙论"——一种诠释性的语脉》，《求是学刊》2003 年第 2 期，第 8 页。

第三节　整体主义研究中国行政模式的
基本原理和思路

一　整体主义研究中国行政模式的基本原理

1. 行政系统和行政环境的交流和动态平衡

行政系统的各个要素和行政系统、行政环境之间处于不断的物质交流以及动态平衡的过程中。所谓"动态平衡关系"是指有机体与外界环境会保持一定能量、物质、文化、信息、习惯的交流和交换，这些交换使得行政模式和周围环境保持着一种相对平衡的状态，并且呈现一种稳定形式和存在方式。行政主体和外部环境存在功能上的相互依存，所谓"相互依存"就是指当整体或系统的组成部分发生变化时，整个系统也会发生变化，正是关系性的存在使得整体主义研究具有必要性，并且使之成为可能。"根据社会学家帕森斯的理解，与所有生命组织一样，一个社会系统先天上就是一个开放系统：它是由许多相互依存的部分或者说子系统共同构成的一个有机体，它本身有某个上级系统的组成部分，并且与这个上级系统的其他构成部分或者说子系统间存在功能依存关系。"① 刘长林认为，中国人传统的"天－地－人"宇宙系统观事实上成为后来几千年中国哲学思维发展的基本框架，大体规定了中国哲学的演进方向、特点和内容。《吕氏春秋》《黄帝内经》《春秋繁露》等著作都涉及阴阳五行结构这样的包含万事万物的世界图式，世界就是由一个个与世界大系统发生联系的小系统组成的。② 根据系统理论，行政系统也是由许多分支系统构成的大系统，要维持自身的正常运转不发生故障，重要的条件便是各分支系统和组成部分都能够正常运转。任何系统都有维持自身稳定的机制和能力，所以当受到外来干扰时，行政系统内在的调节和抵抗功能能够使系统免受伤害，或者行政系统经过一段时间的自我调整后就会恢复如初。行政系统

---

① 陈世香：《行政价值体系的历史——生态研究》，博士学位论文，武汉大学政治与公共管理学院，2004，第31页。

② 刘长林：《中国系统思维》，中国社会科学出版社，1990，第138~157页。

的生存需要一定的能量和物质，也有能力将外来的因素同化，以保持系统自身的能量稳定和性质统一。

2. 整体主义是一种利用学科之间的关联性进行研究的方法

整体主义研究是恰当利用各个学科的关联性对行政模式的各个构成要素以及环境进行系统的理解、梳理和把握的研究。整体主义研究涉及的学科广泛，往往需要运用各个学科的研究理论与方法，包括历史学、政治学、哲学、文学等，是一项综合性、关联性的课题。用整体主义研究方法研究行政学依据两个思路和原则：第一，行政学不仅要研究行政制度、行政组织、行政体制等宏观和直观的现象，还要研究行政行为、行政心理和行政人格等微观和动态层次的观念和意识形态；第二，从这个意义上讲，整体主义研究方法与行政生态学有着密不可分的关系。行政生态学要求"不仅要从行政自身的观点去研究行政，更应该从行政有关的社会背景、政治制度、意识形态、价值观念以及经济结构等方面来加以分析。由此可见，要运用行为主义科际研究方法来研究公共行政，其实就是要求研究公共行政与环境间关系，而这正是生态研究方法的要旨"①。因此，整体主义研究方法也是行政生态研究在行政学领域应用的具体体现。

3. 整体主义是一种有价值判断的研究方法

中国式的整体主义源于中国，因此整体主义研究方法并不是一种价值中立的研究方法，而是一种带有价值判断的研究方法，即一种重视并挖掘行政价值的研究方法。西方的公共管理学理论经历了传统公共行政、新公共管理和新公共服务几个阶段，"效率"是传统公共行政关注的核心内容，"效率"和"效能"是新公共管理的核心，超越效率和效能的"价值"作为一种新的研究趋势出现后，一直在被争论、挑战、评价。② 行政人员既不是完全的"经济人"，也不是在行政－政治两分原则下的"工具人"，如果行政从客观上不能实现价值中立，那么行政价值的研究就需要引起研究者的重视。既然价值问题是公共行政学规范研究的前提与要件，那么行政

---

① 陈世香：《行政价值体系的历史——生态研究》，博士学位论文，武汉大学政治与公共管理学院，2004，第 31 页。

② John M. Brjson et al. , "Public Value Governance: Moving Beyond Traditional Public Administration and the Public Management," *Pulic Administration Review* 74（2014）：445.

学研究中的道德和伦理等形而上学问题将是公共行政学必须回答的问题，在所有公共行政问题与具体目的和目标有内在联系的情况下，所能做到的最好方法应是公开所有规范性的假定。① 当代中国公共行政的价值不仅应该包含效率、效能、公平、社会响应、参与及社会责任感等方面，更应该从中国的历史和文化中挖掘有中国特征的价值含义。"中国公共行政所需要的这些价值并不能完全从西方公共行政的价值中简单译介、照搬与模仿，更重要的是必须进行必要的本土化研究与应用，以达到价值目标实现过程中路径的正确。"② 的确，效率、效能、公平等价值必然是中国公共行政价值的题中之义，但是中国公共行政也包含了西方公共行政价值中所没有的因素和特征。行政人员是行政价值的承担者、实施者，而中国自古以来就倡导"为政以德，譬如北辰，居其所而众星共之"③，行政价值转化的中介是行政人员，行政人员在行政过程中将行政价值转化为自身的道德规范，并且最终将行政价值反馈到行政系统，将道德价值注入行政系统。"公共行政的价值定位主要是对公共行政的公共性的恢复和重建。这个问题关系到公共行政的性质，是公共行政的基本价值，属于形而上学的问题。但是，行政人员的道德定位能够使政府及其公共行政获得一种具体的内生价值"④，在整体主义研究之前清楚价值定位和立场是展开行政学研究的前提。

二　整体主义研究中国行政模式的基本思路

1. 一国的行政组织形态是本国历史、文化诸要素综合影响下的结果

没有一种公共行政学的模式和原则能够在每个国家都适用，没有某一种成功的行政原则和行政方法能够适用于任何一个国家。无论是一国的行政模式还是行政学研究方法都不存在普遍适用的模式，一国的行政模式与其周围的行政环境更多的是相互依存、相互影响的关系。"每一个民族国

---

① Robert Dahl, "The Science of Public Administration: Three Problems," *Public Administration Review* 1 (1947): 1 – 11.

② 任晓林:《从多重跨越到多元共生: 中国公共行政价值的基本特征》,《云南行政学院学报》2002 年第 2 期, 第 25 页。

③ 杨伯峻译注《论语译注》, 中华书局, 2006, 第 11 页。

④ 张康之:《寻找公共行政的伦理视角》, 中国人民大学出版社, 2012, 第 304 页。

家都包含着许多历史事件、创伤、失败和成功的结果，这些结果反过来创立了特殊的习惯、习俗、制度化的行为样式、世界观，甚至'民族心理'。人们不能认为公共行政学能够摆脱这种条件作用的影响，或者认为它能以某种方式独立于和隔离于在其中发展起来的文化环境或社会环境。"① 因此，行政模式的复杂性和多样性意味着没有一种放之四海而皆准的原则，任何尝试建立绝对的、普遍适用的行政模式的努力都注定是失败的，法国有法国式的行政模式，美国有美国的行政模式，而中国也必将有中国的行政模式。

2. 整体主义研究方法有自身的独立性和价值性

整体主义研究方法严格意义上并不是西方整体主义研究方法的一个分支，其有自身的独立性和价值性。中国行政学方法论的构建有三个层次。第一个层次是"元理论"，它确定行政学研究的指导思想和目标，它对其他层次的研究方法有引领作用，"侧重于解决行政学研究中的事实与价值、解释与理解、演绎与归纳、科学论断的获得与验证、建构理论和方法等一系列方法上的根本问题"②。第二个层次是行政学具体研究方法，其居于方法论体系的中间层，例如定性和定量研究方法、理性和非理性研究方法，这个层次的研究方法关系到行政学的理论建构及实际问题的解决。第三个层次也即最低层次的研究方法是技术性研究方法，例如调查、问卷、抽样、建模、统计等有关技术研究方法。③ 整体主义研究中国的公共行政应该属于方法论体系中的第一层次，应当有合理的假定以及基本的价值立场，只有在合理的方法论指导下，才能建立明确的研究中国行政理论的理论框架。中国整体主义在本体论上和西方的整体主义不同，中国整体主义在方法论上更为注重整体的作用和功能，在将道德引入"关系"的条件下，价值论和本体论成为一个问题。因此，虽然中国的整体主义和西方的

---

① Robert Dahl, "The Science of Public Administration: Three Problems," *Public Administration Review* 1 (1947): 1 – 11.

② 郭济：《大力加强方法论研究　切实提高公共行政管理的科学化水平——在全国公共行政管理方法论研讨会上的讲话（草）》，《全国首次公共行政管理方法论创新学术研讨会资料文集》，2004，第9页。

③ 郭小聪、肖生福：《中西行政学研究方法论建设比较分析》，《江西社会科学》2007年第1期，第164页。

整体主义在注重互动过程、注重观念力量、注重社会关系等方面有着极大的相似性，但是从本质和源头上讲，中国的整体主义源自中国传统的思维和中国传统哲学，中国的整体主义思想更加强调道德观念和社会制度对社会秩序和人际关系的影响，因此，中国的整体主义是一种本土化的研究方法，是一种有中国特色的研究方法。

3. 整体主义研究的目的和出发点是指导行政学实践

整体主义的研究目的是找到适合中国的行政制度和行政组织，从而引导行政行为，对行政人格进行更全面的了解和把握。"目前学界在引进西方公共行政管理学方法论的时候，更多的是直接引用西方公共行政管理学方法论下得出的结论，而不是方法本身。如此一来，就引起了背景倒置的问题，使中国公共行政管理学面临着被'西化'的危险。"① 构建行政学研究的范式是为了发展或提炼出一种理论，进而在面对纷繁复杂的社会政治和行政现象时，形成系统化、组织化的知识，简化社会行政现象，帮助人们更好地认识行政现象及行政规律。亨廷顿曾经说："如果我们想要认真地对世界进行思考，并有效地在其中活动，某种简化现实的图画、某种理论、概念、模式和范式就是必要的。"② 因此，任何一种理论或模型的建构都是为了解释现象或者预测现象，整体主义研究也不例外。将整体主义研究应用于行政学，就是为了从本土化的研究方法出发，指导中国的行政管理实践，在吸纳和发挥传统文化精华和思维方式的基础上，改进行政管理的制度，分析行政行为，保持行政的中国特色。

---

① 郭济：《大力加强方法论研究 切实提高公共行政管理的科学化水平——在全国公共行政管理方法论研讨会上的讲话（草）》，《全国首次公共行政管理方法论创新学术研讨会资料文集》，2004，第8页。

② 〔美〕亨廷顿：《文明的冲突与世界秩序的重建》，周琪等译，新华出版社，2002，第17页。

第二章　行政文化中的整体主义特征

　　行政体制的精神是行政文化，范绍庆将行政文化分为三个层面：第一个层面是政府向社会提供商品与服务以及提供产品的方式；第二个层面是行政制度、行政组织的结构以及行政组织的人员；第三个层面是行政人员的心理、价值取向、感情、信仰、选择和态度。第一个层次是表现形式，第二个层次是文化载体，第三个层次是抽象的行政文化内涵。行政文化是一个多层次、复合的体系，本章研究的中国行政文化的内涵是最深层次的行政文化。对于中国的行政模式而言，行政文化是行政模式中的深层次因素，一定程度上影响着行政组织的变迁和行政人员的行政行为。"文化规范代代相传，指导并调节着某一欲望，这种欲望是系统成员为了自己或者也是为了别人希望转换的，是那些试图通过政治行为达到目的的社会成员都可以接受的，一种政治文化的价值和偏见会使许多需求从来不会产生。"① 行政文化的创新和进步促进行政模式的变革，若行政文化滞后于社会的发展，也会成为行政模式中的不稳定因素。因此，研究行政文化的特征，建立起分析行政文化的框架和方法是构建中国行政模式的重要方面。儒家追求一种上至王公贵胄，下至平民百姓的等级秩序，这一秩序几乎将所有人都包含在一个有序的网络中，每个人都能在社会中找到自己的位置，并且以"三纲五常""克己复礼"的道德标准来约束自己，从而消解个人与他人的对立，实现个人与社会的和解。老子也以"无为"的思想鼓

---

　　① 〔美〕戴维·伊斯顿：《政治生活的系统分析》，王浦劬译，人民出版社，2012，第96页。

励人们实现与自然的和解，从而达到个人与万物融为一体的终极目标，在几千年的漫漫历史长河中，整体主义已经成为一种历史积淀在中国的文化中萌芽和发展。

第一节　行政文化中整体主义特征的形成

如第一章所阐述，中国整体主义的思想博大精深，大致分为三层内涵：第一层是整体主义的本体论思想，即关系本体论，是关于认识世界、宇宙形成等方面的表达和解释①；第二层是关于整体主义的方法论思想，即关于如何认识个体和整体、个人和组织、个人和社会的关系以及对个人在社会中的地位的认识；第三层是关于整体主义的价值论思想，即整体主义之下的道德观和伦理观都建立在个人和社会的关系之上，而在个人和社会的关系中，关系决定了地位，个人的自主性和独立性受到压制，个人在关系性前提下从属于社会整体，因此，个人只有在社会中才能实现自身价值。

一　对宇宙和世界的终极认识

关于世界和宇宙起源于关系的思想可以从《易经》中看出来。《易经》成书于西周晚期，《易经》可以说是诸子百家思想的源头，几乎历代都有关于《易经》的著述，《易经》被誉为"群经之首"，《易经》为整体主义思想提供了一个基本架构和思维范式。《易经》认为宇宙的本源为太极，是由阴阳二气，即"两仪"构成的混沌状态，通过阴阳二气组合，形成四个时节，即"四象"：少阳、老阳、少阴、老阴。四象产生天、地、水、火、风、雷、山、泽，即"八卦"，八卦又经过变化形成六十四卦，即宇

---

① 对于中国传统哲学是否有本体论，存在争论。李祥俊在《本体论与中国传统哲学的终极探求》中认为，中国的本体论是对宇宙、人生终极存在的表述。而且有四种类型：一是以道家和道教为代表的本源论，即在现实世界之外构建一个永恒世界；二是超越论，以中国佛学为代表，以构建和现实世界分离的彼岸世界为终极存在；三是以儒家天论、气论和陆王心学为代表的永恒实体论，将宇宙看作一个永远在流动的过程，重视内心的体悟；四是以《易》学和程朱理学为代表的用概念和符号来表述宇宙规律的体系，更接近于西方狭义本体论。本书认为的本体论更接近于第三种和第四种的综合。

宙万物，这就是《易经》中的宇宙生成论。^① 其六十四卦象和卦爻辞构成一个相当完整的系统，每一卦中，都有阴爻和阳爻的相互推动作用，也就是说《易经》不仅涉及时间的演进，还有严格的空间概念，宇宙万物在合适时间运动到合适的位置。《易经》以乾卦、坤卦、阳爻、阴爻构成六十四卦基本单元，揭示天地自然轮回的卦象附在预示人类旦夕祸福的卦爻辞之前，表示人和自然密不可分的关系，人与自然界、宇宙遵循的是同样的规律，人类社会也要遵循天道法则。水、火、木、金、土五行的论述最早见于《洪范》，"一，五行：一曰水，二曰火，三曰木，四曰金，五曰土。水曰润下，火曰炎上，木曰曲直，金曰从革，土爰稼穑。润下作咸，炎上作苦，曲直作酸，从革作辛，嫁穑作甘"^②，五行理论展现了中国人对宇宙、对世界的最早的认识。因此，《易经》和《洪范》最早奠定了"天 – 地 – 人"和谐的宇宙观念。^③"天 – 地 – 人宇宙系统观事实上成为后来几千年中国哲学思维发展的基本框范，大体规定了中国哲学的演进方向、特点和内容。具体来说，中国哲学主要可归结为两大方面：一是宇宙系统论模式；另一个是人在宇宙系统中的地位和价值，人如何与宇宙系统相统一。"^④

在《易经》和《洪范》之后，儒家和道家都对整体主义的本体论进行了更为深入和系统的发展，"《易经》本来是一部占卜的书。后来，儒家赋予它以宇宙论、形而上学的意义，并且从宇宙论联系到伦理，进行诠释；这便是现在附于《易经》之后的'易传'"^⑤。整体主义本体论的正式形成源于《易传》。《易传》通过《文言》《说卦传》《序卦传》《杂卦传》以及《象传》上下部、《彖传》上下部、《系辞传》上下部，一共十篇，对八卦和六十四卦的卦辞、卦名、卦义、卦象、每一爻的含义都进行了详细阐释。孔子对《易经》十分推崇，在孔子的推动下，《系辞传》将《易经》提升到形而上的高度，阴阳、八卦正式成为中国古代整体主义理论的

---

① 张金山：《先秦儒家和谐管理思想》，博士学位论文，东北财经大学富虹经济学院，2012，第 32 页。
② 《洪范》，转引自刘长林《中国系统思维》，中国社会科学出版社，1990，第 137 页。
③ 刘长林：《中国系统思维》，中国社会科学出版社，1990，第 137～138 页。
④ 刘长林：《中国系统思维》，中国社会科学出版社，1990，第 137～138 页。
⑤ 冯友兰：《中国哲学简史》，天津社会科学院出版社，2005，第 146 页。

根基，《易经》也更加系统化、体系化。《易传·系辞》中提出了宇宙生成的纵向结构和演化模式："易有太极，是生两仪，两仪生四象。四象生八卦。八卦定吉凶，吉凶生大业。"①　同时，老子也描述了宇宙是如何产生的，"道生一，一生二，二生三，三生万物。万物负阴而抱阳，冲气以为和"②。宇宙和天地万物都是阴阳互动的产物，阴阳互补互济，彼此制约，互相制约平衡。可见，孔子和老子的宇宙观都受到《易经》的巨大影响，无一例外从阴阳关系的角度解释世界本源，虽然诸子百家的思想百花齐放，但是儒道两家的思想最终成为中国古代思想文化的主流，后来很多思想家的整体主义本体论观点都是对他们思想的深化和发展。

　　《淮南子》中有"天地之袭精为阴阳，阴阳之专精为四时，四时之散精为万物，积阳之热气生火，火气之精者为日，积阴之寒气为水，水气之精者为月"③　的描述。董仲舒也说："天有十端，十端而止已。天为一端，地为一端，阴为一端，阳为一端，火为一端，金为一端，木为一端，水为一端，土为一端，人为一端，凡十端而毕，天之数也。"④《淮南子》和《春秋繁露·官制象天》中对世界本源的描述基本延续了先人的思想，世界和宇宙都是由五行、阴阳之气相生相伴而成，"依照董仲舒的设想，天盖于上，地载于下，阴阳二气一前一后，一左一右运行于天地间，形成春夏秋冬四时，……五行还与五方相属：木主东，火主南，金主西，水主北，土主中央。这样，阴阳五行的循环运动，把时间和空间统一成一个整体"⑤。

　　综上所述，秦汉时期儒学盛行，魏晋时期庄子思想占了主流，到了宋代，理学同时参考了佛教和道教的因素，将儒家、道家更紧密地结合，将整体主义本体论向前推进了一步。这一融合趋势可以从周敦颐在《太极图说》中的宇宙论看出："无极而太极，太极动而生阳，动极而静；静而生阴，静极复动。一动一静，互为其根，分阴分阳，两仪立焉。阳变阴合而

---

① 《易传·系辞上》。
② 王弼注《老子道德经注校释》，楼宇烈校释，中华书局，2008，第 117 页。
③ 何宁撰：《淮南子集释》，中华书局，1998，第 166～167 页。
④ （汉）董仲舒：《春秋繁露·官制象天》，转引自刘长林《中国系统思维》，中国社会科学出版社，1990，第 145 页。
⑤ 刘长林：《中国系统思维》，中国社会科学出版社，1990，第 145 页。

生水火木金土，五气顺布，四时行焉。五行一阴阳也，阴阳一太极也，太极本无极也。五行之生也，各一其性。"① "无极"的思想源自老子，"太极""两仪"的思想又取自孔子《易传·系辞》。因此，周敦颐将儒家的纵向结构和道家的发展演化相结合，形成了一个源于"无极"，被五行、阴阳、太极由下而上一层层制约的金字塔结构的大系统。②

二　从"天理"到"伦理"的理论延伸

整体主义思想的核心是如何处理社会和个体的关系问题，而中国关系主义本体论的思维决定了中国整体主义在处理这一关系时的思维倾向，那就是个体只有在关系中才有意义，而且这个意义是道德上的意义、伦理上的意义。"人法地，地法天，天法道，道法自然"③，所以"自然亦被人伦化，天人之间攀上血亲关系，君王即'天子'，从而形成了天人合一、主客混融的观念。中国古代的知识论从未与道德伦理学说明晰地区分开来，为学目标主要固在于求'真'——探索自然奥秘，而更在于求'善'——追求道德觉悟"④。中国整体主义在本体论、方法论和价值论上是一致的，社会的关系也应该从宇宙关系中找寻，对于"天理"来讲，人间的"伦理"是对天理的延伸，对于人间"伦理"来讲，"天理"是对人间"伦理"的提升，这一理论工作是由儒家来完成的。"从伦理到天理的提升更成为儒家哲学的根本问题意识之一，从汉代儒家经学的'王道之三纲可求于天'到程朱理学的出现，标志着儒家永恒规律论的成熟。正因为从伦理道德的角度切入终极存在问题，所以其所提出的本体论必然是真善合一、天人合一的。"⑤

孔子将"天理"应用于"人理"，使"仁政""性善""天道"统一为一体，使社会和天地的运行规律相一致，有一定的社会历史背景。春秋战

---

① （北宋）周敦颐：《太极图说》，转引自刘长林《中国系统思维》，中国社会科学出版社，1990，第159页。
② 刘长林：《中国系统思维》，中国社会科学出版社，1990，第160页。
③ 陈鼓应译注《老子今注今译》，商务印书馆，2015，第169页。
④ 张岱年、方克立：《中国文化概论》，北京师范大学出版社，2015，第267页。
⑤ 李祥俊：《本体论与中国传统哲学的终极探求》，《阴山学刊》2006年第6期，第44~47页。

国时期，周王失势后，礼崩乐坏，在争夺权力、攫取土地的过程中，政治斗争空前激烈，大夫取代诸侯、兄弟之间相互残杀、父子反目的事情时有发生。孔子认为"天下无道"，而怀念"天下有道"的时期："天下有道，则礼乐征伐，自天子出。天下无道，则礼乐征伐，自诸侯出。"① 因此，孔子急于建立一个各阶级和谐共存的社会政治秩序。孔子说："名不正则言不顺。""名"的重要性不言而喻。每一个人在社会中都有一定的责任、义务、地位，在君君、臣臣、父父、子子的社会里，任何人都能找到自己的位置。孔子和他的继承者们认为人与天应该有同样的品德——"天行健，君子以自强不息"② "地势坤，君子以厚德载物"③。儒家学说的理论基础是"天人合一"，代表整体主义的价值论和本体论是统一的，先秦孔子、孟子、荀子等人的学说不尽相同，但"仁"都是他们理论的灵魂。人的本质是"一方面承认社会群体中的人有等次，另一方面又通过'爱人''忠恕'等血缘、族类的情感联系，把社会群体粘合起来，使之成为一个既有等差又团结相亲的，有秩序的社会组织系统"。④

从秦始皇统一六国到子婴投降，起义的农民和重新复兴的六国贵族后人推翻了秦王朝，秦的统治只维持了数十年的时间，秦帝国推行的与中央权威相适应的行政机构有效动员了社会资源。可是在天下平定后，这套模式似乎并没有继续维持帝国的稳定，反而在农民起义中被六国贵族后人推翻，甚至在汉初的时候，有人鼓吹回到分封制。秦国在组织上构建了以集权和权威为导向的行政管理体制，具有强大的资源动员能力，使大规模的整修长城、出击匈奴、修建阿房宫、开拓灵渠有了充足的人力、物力以及财力。在思想上，春秋以来各种思想的激烈交锋形成了百家争鸣的局面，其中法家思想是主流的思想。在一个纷繁复杂的动乱年代，军事力量特别是强大的武装力量对于君主十分重要。兵员来自于农民，军事供给也依赖于农业，耕战就成为国家的根本。为了使一国人民专心于耕战，法家从人性本恶的角度出发，提出"以法治国"，实行法治。法家的法治论主要包

---

① 杨伯峻译注《论语译注》，中华书局，2006，第 196 页。
② 黄寿祺、张善文译注《周易译注》，上海古籍出版社，2007，第 5 页。
③ 黄寿祺、张善文译注《周易译注》，上海古籍出版社，2007，第 18 页。
④ 刘长林：《中国系统思维》，中国社会科学出版社，1990，第 140 页。

括三个方面：立法方面，要做到万事皆有法；在法的执行方面（即司法方面），必须做到"任法"，即有法必依，执法必信，对待法律要"从法"，任何人都要依法办事；在法的保障方面，法家主张赏刑并用，刑是主要手段，赏是辅助手段。① 要实现上述目标，君主的权威不可缺少，因此法家主张尊君，君主的命令至高无上，集大权于一身，法家还提出了国君驾驭臣下的统治之"术"，从而使君主拥有"势"。君主对权力的欲望和国家生存所面临的险恶环境使得法家思想颇受欢迎，但是一旦战事结束，严刑峻法之下人民无法承担起沉重的赋税和徭役，危机就会很快来临。

秦末战争结束后，刘邦建立汉朝，面对长期战乱形成的经济凋敝、人民困顿不堪的局面，统治者不得不调整统治策略，于是汉代前期基本上采用黄老之学，施行清静无为的治理思想。黄老之学不仅融合了各个学派的优势而且主张让人民休养生息，不过多干涉人民的生产活动。但是法家思想仍然对皇帝施行有效的统治很有帮助，特别是"驭臣之术"符合专制王权的需要。法家思想中"天"的地位被和皇权联系在一起，董仲舒的"天人合一"的思想将法家的思想融合进来，将皇权神化，比法家的尊君更进了一步。法家的思想被儒家适时地吸纳进来，成了儒家思想的一部分，加上法家的传承方式注重思想而不是组织，所以法家就逐渐隐形化了。统治者再也不敢公开倡扬法家思想，而是公开宣扬儒家思想，但暗中运用法家思想。② "在法家帝国和儒家官员之间最终实现的这种平衡再次表明具有相反相成二重性的阴阳观念作用，表面上看起来摧毁了儒家学说的法家的胜利实际上只是开创了一个儒家能繁荣发展的稳定社会，而不是摧毁法家学说的儒家的胜利使法家的帝国差不多坚如磐石。"③

董仲舒对儒学的改造以及汉武帝罢黜百家、独尊儒术对于中国整体主义传统文化由"天理"向"伦理"提升有重要意义。董仲舒提出"天人感应论"，他将人体和四季相比拟，天有阴阳，人也有阴阳，"天亦有喜怒之

① 萧伯符、汤建华：《法家思想体系论略》，《法学评论》2003 年第 4 期，第 140～147 页。
② 李宗桂：《中国文化导论》，广东人民出版社，2002，第 197 页。
③ 〔美〕费正清、赖肖尔：《中国：传统与变革》，陈仲丹等译，江苏人民出版社，1992，第 73 页。

气、哀乐之心，与人相副。以类合之，天人一也"①。"天"在中国传统文化里是核心概念，"天"具有一种本体论的含义，"天"作为人与世界存在之本源具有超越一切和统摄一切的功能，它也对人的世界具有一种"示范性"力量。② "天"的最高存在对人具有孕育作用，那么天和人之间就存在感应，进而通过"天人感应"发展出了"天人合一"的政治理论，将君臣、父子、夫妇之间的关系类比自然秩序，形成三纲五常等礼法观念，进而渗透到政治、社会、生活等各个方面，并借助"天"的威严和神秘给君主披上唯我独尊的外衣。"天"在中华文化中的至尊地位延伸出天子权力的不可挑战性，天无二日，而君又岂能非一。

儒家教化思想也在这个时期形成，一种统一的、强调整体性的思想从政府到社会都逐步形成，为大一统提供了坚实的基础，也为行政模式运行提供了较大的弹性和坚实的基础。董仲舒主张君主为最高统治者，"君权至上"适合统治者需要，虽然尊君论韩非子和孔子都曾阐述过，但他赋予尊君论以神学色彩，所谓"《春秋》之法，以人随君，以君随天"③，国君是天与人之间的媒介，其思想得到统治阶层的支持并成为社会的主流思想。当然，儒家在"尊君"的同时也有"屈君"的一面。君权来源于天，那么天子也必须对天负责，天子的有道和无道决定着上天是否对天子施行废立，因此天子必须要戒除不良行为。如果君主行为不端、不行仁义，那么上天就要显示异端作为谴责。"尊君"的实际效果大于"屈君"，对于汉代统治者来说，儒家提倡的"大一统"学说适合帝国中央集权统治的需要，对君权的神化也为君主统治提供了合法性的论证与支持。周朝以及礼治对国家、社会、民众带来的熏陶是持久的和潜移默化的，尽管社会已经不允许回到宗法制的分封，然而儒家学说对以往学说的继承和突破成为维系社会秩序的主导意识形态。独尊儒术后大量的儒生入政府为官，在东汉时期逐渐形成了士大夫阶层，儒学和儒生都是皇帝可以利用的统治工具，因为皇权至高无上，儒生在实际政治环境和行政体制中不能以理想的方式

① 闫丽译注《董子春秋繁露译注》，黑龙江人民出版社，2003，第213页。
② 张羽佳：《董仲舒"天人合一"的政治理念及其当代困境》，《中共南京市委党校南京市行政学院学报》2007年第3期，第12~16页。
③ 闫丽译注《董子春秋繁露译注》，黑龙江人民出版社，2003，第213页。

对君权进行制约。相对于法家动辄严酷刑罚，此时整个行政系统都纳入了被整体主义意识形态和价值伦理所主导的模式中，从而具有持久的生命力。儒家以及法家最后都成为古代行政系统中互相支持的、融合型的共存文化。以整体主义为特征的行政文化确立后，其通过官方认可的形式特别是科举考试，成为整个国家的主流文化，在从启蒙到入仕的全过程中培育和关怀知识分子，无论是社会精英还是普通民众，都在文化层面上有共同的最大公约数。

庄子有"夫昭昭生于冥冥，有伦生于无形。精神生于道，形本生于精，而万物以形相生"① 的说法，有序的世界源自于无序的状态，由于气的运动才产生有秩序的世界。在前人整体主义本体论的基础上，张载发展了老子关于"气"的思想，而且其"气"可以与天地相通，世界的本源是太虚之气，人与天地万物都由"气"构成。"乾称父，坤称母，于兹藐焉，乃混然中处。故天地之塞，吾其体；天地之帅，吾其性。民，吾同胞，物，吾与也。"② 天地被看作是父母，百姓是兄弟，万物是朋友，人与万物都是天地所生，由气构成，气的本性也是天地万物的本性，人与自然界统一于气中。他将人伦观念更为彻底地贯彻到天地中，"因此我们也可以说，中国古代文化是一种天地合德的伦理类型"③。朱熹发挥"二程"的理论，将"理"和"太极"的地位大大提高，使宇宙万物的运行系统和运行规则比以前更加严密，组织性和秩序性更强。在人类社会中，他主张将"天命之性"和"理"严格结合，社会成员也能严格执行和遵照"天理"在人间的表现形式，即纲常伦理，人的物质欲念是人们实现道德的阻碍，他主张通过"存天理，灭人欲"来实现"天人合一"。程朱理学用更为思辨的理论为"君权神授"做论证，将"君为臣纲"归结为"天理"，理学在宋朝发展到了极致，之后开始走向衰落。

整体主义的本体论发源于《易经》，后经过儒家和道家阐释和发扬，基本形成了"五行""阴阳""气"等为世界源初物质的理论，这些物质

---

① 陈鼓应译注《老子今注今译》，商务印书馆，2015，第607页。
② （北宋）张载：《正蒙·乾称篇》，转引自张岱年、方克立《中国文化概论》，北京师范大学出版社，2015，第266页。
③ 张岱年、方克立：《中国文化概论》，北京师范大学出版社，2015，第266页。

经过相互作用，衍生发展才形成了今天的世界，关系主义的宇宙观也是整体主义本体论的内涵。但是儒家思想践行者们的理想是入世，是政治社会秩序的建立，宇宙秩序的阐释是为了将其延伸至人类社会，构建一种"天－地－人"共通的秩序系统。孔子试图通过"正名"恢复社会秩序；汉代儒学通过"天人合一"将外在的宇宙框架用于制约人的实际行为；宋代的程朱理学，一方面使宇宙－社会的秩序架构更加严格，使系统内部组成部分的自由度大大降低，另一方面提倡人们通过内在修养、心性、体验去接近天理。

第二节　传统行政文化的特征：以整体主义为视角

莫里斯·韦迪尔热认为"文化是一整套行为模式或角色，就要明确这些模式和这些角色的性质，即它们影响具体行为的方式……文化的内容可以分三步来确定。它首先包括决定角色和行为模式的一套标准。遵循标准与否受到奖惩措施的监督。人们对标准所赋予的价值观足以证明存在和执行这些奖惩无疑是正确的"[①]。韦迪尔热这段话道出了行政文化在影响行政行为和行政模式中的作用。整体主义思想主要从两个方面影响着中国的行政文化。一是社会行政系统和治理系统不过是整个社会系统的一部分，而且一定程度上，其运行和治理的方式与大系统一致——"社会这个多层次结构的自组织过程由最低一层，也就是构成社会系统的最小单位开始，然后一级一级向上升，最后达到全社会有序，这是一个由局部到整体的综合过程。"[②] 整体性思维决定了不能单一地、孤立地看待行政过程和行政系统的组成部分，而是把行政过程置于大的社会背景之下，综合考虑解决办法和治理途径，遵循一种由点到面，再由面到点的思维方式。二是在整体主义文化下，行政过程和社会治理应当十分重视伦理道德的规范和对社会的

---

① 〔法〕莫里斯·韦迪尔热：《政治社会学——政治学要素》，杨祖功、王大东译，东方出版社，2007，第 59～65 页。

② 刘长林：《中国系统思维》，中国社会科学出版社，1990，第 207 页。

凝聚作用。个人只有在国家、社会中经过充分实践，履行了对他人、对社会应尽的责任和义务之后，才能实现人之本性，人才是一个完整的人。儒家认为人的本性是善良的，"人性之善也，犹水之就下也，人无有不善，水无有不下"①。而且通过推己及人、"己所不欲，勿施于人"② 的途径将社会的全部领域和个人的道德修养联系起来。在道德的调节下，行政文化中的整体主义特征体现在以下几个方面。

一　行政管理的路径选择

整体主义思想下，社会就是一个家、国、天下层层相扣，层层相生的治理机制，国家的大系统下有由家庭、家族和个人构成的无数小系统，它们各自的运行原则有一定的共通性，它们之间并不是毫无联系的独立体，而是以个人为中心，家庭和家族在外围，国家在最外围的一层层同心圆结构。所谓"古之欲明明德于天下者，先治其国；欲治其国者，先齐其家；欲齐其家者，先修其身；欲修其身者，先正其心；欲正其心者，先诚其意；欲诚其意者，先致其知；致知在格物；物格而后知至；知至而后意诚；意诚而后心正；心正而后身修；身修而后家齐；家齐而后国治；国治而后天下平"③，即"修身，齐家，治国，平天下"。在整体主义思想下，以社会的基本关系为出发点，把社会关系划分为个人 - 个人、个人 - 家庭、个人 - 社会、个人 - 国家等基本关系，但"分"并不是行政管理的最终目标，整体主义思想下的行政管理必然注重管理的整体性和关系性，落脚点也会回到社会和国家这样大的命题之下，于是这些社会基本关系都以伦理道德为基本维系方式，以"修身"为出发点，以最终建立和谐的社会秩序为目标。所以，"分"是基础和前提，"和"是最终目的。这几种社会关系及其准则使人在自己的社会阶层中生活得稳定，使不同位置的人们分工合作，相互尊敬，只有这样才能保证社会行政管理系统正常、和谐、稳定地运转。

---

① 杨伯峻译注《孟子译注》，中华书局，2005，第 254 页。
② 杨伯峻译注《论语译注》，中华书局，2006，第 188 页。
③ 王国轩译注《大学·中庸》，中华书局，2007，第 4~5 页。

1. 行政管理建立在分工和制约的基础之上

行政组织是按照一定原则、等级和序列建立起来的具有一定规模、组织严密的社会系统，在这个系统中，不仅要按照不同地域、层级进行划分，而且需要按照相应职能进行划分。现代社会的行政组织按照政治职能、社会职能、文化职能和经济职能形成了相应的行政组织，不同历史时期下，行政组织的社会设置必然不同，按照整体主义思路建立的行政组织之间有着相互制约的共生关系。董仲舒曾经将执行不同功能的行政组织按照"五行"进行排列，"东方者木，农之本。司农尚任，进经术之士""南方者火也，本朝。司马尚智，进贤圣之士""中央者土，君官也""西方者金，大理司徒也""北方者水，执法司寇也"①，又根据金胜木、水胜火、木胜土、木生火、火生土、金生水、水生木的相互制约关系推演出各个部门之间相互制约和平衡的关系，虽然这些思想有着神秘主义的色彩，但是董仲舒能够注意到各个行政部门之间的制约和协调关系，不得不说是一大创新，也是中国整体主义思维的具体表现。

2. 行政管理要注重化解矛盾，以整体和谐为最终目标

只要"关系"存在，就会产生矛盾和不一致。中国的整体主义思维决定了小到处理自己与他人的关系，大到处理个人与社会、个人与宗族、个人与国家的关系，甚至是处理国家与国家之间的关系时，都不倾向于将矛盾升级，而是喜欢将矛盾化解，大事化小，小事化了，皆大欢喜的局面是大家最愿意看到的。"儒家追求的目标是求得社会的稳态平衡，所以他们对于所有重大的社会矛盾一律采取了调和折中的态度。"② 这种整体主义思维很大程度上影响了行政文化，"无讼"和"招安治乱"就是两个典型的例子。"无讼"即"听讼，吾犹人也，必也使无讼乎"③，这种调节矛盾的方式孔子称为"中庸"，他希望矛盾控制在一个可调节的范围内，矛盾双方能够通过互相的补充和制约，形成一个平衡的整体。虽然"无讼"的行政文化是一个代表传统价值取向的政治理想，但是反映了行政系统也是

---

①　闫丽译注《董子春秋繁露译注》，黑龙江人民出版社，2003，第 234~235 页。

②　刘长林：《中国系统思维》，中国社会科学出版社，1990，第 231 页。

③　杨伯峻译注《论语译注》，中华书局，2006，第 144 页。

"天－地－人"系统中的一部分，同样遵循天人和谐的规律，"天道，人道乃是一道，人法地天法自然，归根结底是法和谐，而'无讼'不过是和谐在司法上的一个转用词，其意蕴和旨趣是一致的"①。地方官员中流行着这样一种做法，每当产生区域性的骚乱时，在"镇压"和"招安"两种方式中，中国传统的行政官员通常会选择后者，因为后者更符合为官之道和统治哲学。官员功绩的衡量是清廉、审慎、勤政三个指标，在三个指标中，地方是否稳定关系官员是否为政"审慎"②，因此，在制约和平衡中不仅能够保持政府的结构和运作更为平稳，而且还能使自己的仕途更为顺畅。对此，费正清在《中国：传统与变革》一书中有过此论断："公开镇压骚乱因承认其存在比隐秘不报更容易断送其前程，通过招安将土匪编入团练的方法比公开剿灭更为可取。"③

二 行政过程中重视"德治"

1. 行政方式：道德是行政治理的重要手段

在儒家社会理想中，道德是必然的政治目标，因为向善是每个人内心的必然要求，如果要遵循内心的指引，就必须实现一种无限接近道德的政治。在道德的政治中，每个阶层都有恪守的道德准则，君子自觉地将道德修养作为内心的追求，小人的教化有赖于君子。在这种努力下，儒家希冀出现一种人人都乐于生活的"大同"社会，即一种靠道德维系的社会共同体。"德治"是实现社会治理的主要手段和实现"大同社会"的唯一路径。为了实现"大同社会"，为政者不仅需要发展经济，为民谋福祉，还要在精神上做道德表率，以"修身、齐家、治国、平天下"为价值观，以实现九族和睦、邦民稳固为政治理想。王国维评论古代国家的时候，认为治理国家的核心手段是道德，道德使上到天子下到百姓的所有人都遵守法律，用

---

① 张中秋：《中西法律文化比较研究》，南京大学出版社，1999，第 323～324 页。
② 尉鹏阳、孙津：《儒家思想对古代文官制度的影响及当代启示》，《中共山西省委党校学报》2014 年第 5 期，第 101～103 页。
③ 〔美〕费正清、赖肖尔：《中国：传统与变革》，陈仲丹等译，江苏人民出版社，1992，第 268 页。

"亲亲、尊尊、贤贤"来指导、教化民风，这就达到了所谓的"治"①，所谓"道之以政，齐之以刑，民免而无耻；道之以德，齐之以礼，有耻且格"②。普通的"政"和"刑"的手段只能使民众免于犯罪，这种政治理想并不难实现，更高层次的政治理想是教化民众使其实现道德的内心自律，这不仅能防止民众犯罪而且还能够使其有羞耻之心，达到治理国家的最高境界——德治。唐君毅也将"权位化为德位、能位、势位之后，则所谓人之服从权力，实际人之服从道德、才能、势力。此中唯有道德之人可普遍的为人所顺从尊重"③，于是政治的影响因素被分为德位、能位、势位，即道德、能力、势力，道德力量是大家尊重并效仿的重要因素，而且尊重的动力并不是个人的私心，而是其意志行为表现出的客观价值。因此，道德是儒家行政治理的重要手段，中国传统的行政是一种基于道德的行政。道德引导社会中的每个成员都符合道德要求，道德不仅为行政提供基础，还被用来引导行政。道德引导下的行政是一种通过个体的内心修养来达到连接个人和国家，实现社会治理的方式。在道德话语权主导的社会中，人和人、个人和社会的关系调节不是通过一种外在制约机制来实现，而只需要对人们内在固有的特征稍加引导就可以形成一种有效的社会治理机制。

2. 行政主体：须具备较高的道德品质

除了社会成员，行政主体也必须遵守一定的道德原则。在传统的整体主义思想中，统治者要成为"内圣外王"的表率，实行王道，并且要"为政以德"，才能"譬如北辰，居其所而众星共之"，即实现天道与王道相统一。④ 行政主体只有自身达到一定的道德境界，才能成为真正的统帅，只有通过"内圣"才能达到"外王"。因此，统治者的德性关乎国家政权的稳定兴亡和人民福祉。只有经道德武装的权威才是被社会认可的，领导人必须在任何时候都体现出道德模范的力量和形象才能维护其政治地位。相比之下，政策制定的好坏和政策执行的方向都被放到了次要位置。"任何自然界的灾异，例如日食、彗星的出现、山崩，当然还有饥馑，在传统上就会被认为

---

① 王国维：《观堂集林》，河北教育出版社，2003，第56页。
② 杨伯峻译注《孟子译注》，中华书局，2005，第12页。
③ 唐君毅：《文化意识与道德理性》，中国社会科学出版社，2005，第110页。
④ 李强楠：《〈论语〉"为政以德"章的政治文化解读》，《才智》2013年第14期，第276页。

是上天对统治者的谴戒。在这种情况下，在位的皇帝的通常做法，是发布罪己诏以表白对失职的追悔，征求——特别是向其谏官征求规谏。"① 历史中一些毋庸置疑的胜利者也试图从五行替代、宣扬自己是神化人物为自己增强合法性和道德上的威严。"任何一个专制君主，无论他的天下是怎么得来的，是出于强夺，抑是由于篡夺，他一登大宝，总不会忘记提出与他取得天下正相反对的大义名分来，藉以防阻他臣下的效尤'强夺'或'篡窃'，所谓'窃国者侯，侯之门仁义存'，就是这个道理。"② 一旦道统得以确立，将能有效地巩固权力，促进权威。如果一个朝代的开拓者扮演的是拯救斯世斯民的角色，无论是古代的士大夫，还是今天的一些学者，都会给予很高的评价。如孟森所言，"中国自三代以后，得国最正者，惟汉与明"③，原因是"匹夫起事，无凭借威柄之嫌；为民除暴，无预窥神器之意"④。因此，中国政治下的行政权威、行政权力和道德紧密地联系在一起，权力的正当性和权威的合法性都源于统治者拥有与社会价值观念和道德伦理一致的品质。

3. 行政理念：符合道德原则

整体主义思想下的道德是一种根植于民众心中的思想意识形态，这种思想意识形态影响着行政的合法性基础和领导人的执政方式，它不仅是社会治理的方式、方法，也会在一定程度上影响行政人员的思想、意识、价值观念和行为特征。具体来讲体现在以下两个方面。

（1）等级和依附的观念

行政的合法性和原则都是由道德原则决定的，行政原则要符合道德原则，符合道德原则就要符合伦理原则，符合伦理原则就要符合等级制度。等级制度为道德统治提供制度上的保障，这样既保障了行政运行的稳定，又减少了社会治理的成本。中国最初以地缘关系为纽带形成了一种源于西周的宗法等级制度，宗又分为大宗和小宗。大宗是周天子，小宗是诸侯，在诸侯国内，大宗是诸侯，各个士大夫是小宗，大宗率小宗，形成一个从

---

① 〔以色列〕S. N. 艾森斯塔特：《帝国的政治体系》，阎步克译，贵州人民出版社，1992，第232页。
② 王亚南：《中国官僚政治研究》，商务印书馆，2013，第68页。
③ 孟森：《明史讲义》，中华书局，2009，第18页。
④ 孟森：《明史讲义》，中华书局，2009，第18页。

上至下严密的等级宗法体系。春秋以后，宗法关系虽然日渐衰落，但是围绕宗法制度形成的家国同构、家天下的思想观念直到现在还具有影响。这种伦理关系后来进一步扩大成为既有血缘关系又有地位尊卑的社会关系，等级宗法制构成了中国人际关系的基本形式，父子关系是所有关系的基础，并且自下而上依附于上一层级，形成一种严密的等级依附关系。孔子通过"正名"来调节人与人之间的关系，"正名"将处理家庭关系的准则推广到社会中，将夫妻之爱、父子之敬延伸为朋友之信、君臣之忠，在"君君、臣臣、父父、子子"的关系准则和关系网络的影响下，每个人或多或少都有等级和依附的观念。

（2）奉献和自律的观念

中国的官僚精神蕴含着一种为官僚机构或者皇权进行奉献、忠诚、服务、自律的美德，而这种美德又助长了专制主义皇权的形成。董仲舒对儒家学说进行改造以后，天子的神权得到强化，天子成了上天在人间的代表。尽管儒学倡导的是仁政，所谓天下有德者居之，三代政治的美好理想是很多儒生的崇高精神指引，然而一旦进入现实的行政运作中，忠君思想又成了积极入世的重要表现，特别是在政治混乱或者国家进入穷途末路的时期，士大夫的节气鼓舞和引导很多官员前赴后继，在危难时刻为国为君赴汤蹈火。在家天下的格局中，忠君和爱国具有相对的一体性。以今天的观念来看，这种思想存在时代的局限性，但在当时的历史条件和环境下其对维系政权、保卫国家、体恤民生有重要意义。

4. 行政客体：被动服从

中国社会的重要特征是极其分散，将分散的社会整合起来的是主导型政府，主导型政府使得看似分散的个人服从国家。在宋、明时期，即使商品经济有所发展，明末江南地区已经出现了商品经济相对发达的市镇，但整个国家的财政、税务还是建立在小农经济的模式上。诚如中华文明的源头——大河文化揭示着让部落团结和组织起来有效对抗自然灾害的含义，在以后的封建国家中，水利的定位都与当时的社会背景、人文环境、生产力发展水平相辅相成。因为"水"的安危，涉及江山的稳定。[①]在这种散

① 潘杰：《古人治水与民族精神》，《国学》2011 年第 8 期，第 14～17 页。

落的经济和地域下，需要依赖高度有效的动员以及一种全能型的行政机构进行政治维系和行政管理。行政机构不仅具有一般意义上的如维持治安、征税等行政功能，同时还具有教化的功能。正因为如此，民众对政府的期望超越了一般意义上的期许，个人对公共服务的期望超越了一般性的行政事务，政府也因民众的期望担负了从道德教化到经济生产的各项任务。在个人和政府的关系中，个人自然而然地退居到了一种被动的、服从的地位，因此，中国人似乎从来不关心公共的事物，进而也没有一种保护个人与国家关系的法律。中国古代很少或几乎没有正规的机构和制度来吸纳人们对政治的正当诉求，人们一旦有诉求，固有的价值观念也极大降低了人们去推翻政府的可能性，而且一旦这么做很有可能被当权者认为是一种对政治权威的挑战与威胁。也就是说，在国家和个人之间没有一种与行政系统进行交流互动的渠道，行政系统对官员的要求也是主观的和内在的，没有对官员进行批评的竞争机制，只要各方面利益得到暂时伸张，只要政府官员遵守道义，履行了上述的官僚道德，就是实现了各方面的利益诉求。

第三节　整体主义行政文化在当代中国的冲突及调适

不同国家文化差异的根源是文化深层结构中的思维方式和价值观念，每一个社会都有一整套占主导地位的价值观念和思维方式，它们决定着社会运行的基本方式、基本内容、运作方式和运作方向。"我们必须想象出一道巨大的弧，在这个弧上排列着或由人的年龄周期、或由环境、或由人的各种活动提供的一切可能的利益关系……作为一种文化，其特性取决于对这个弧上某些节段的选择。各地人类社会在其文化习俗制度中，都做了这种选择……一种文化几乎没意识到金钱的价值；另一种文化却在行为的一切方面，都视金钱是最基本的价值。在一个社会，即使在看来是生存所必需的生活保证方面，技术也遭到了令人难以置信的轻视；在另一同样简单的社会，技术成果却很复杂，而且被恰到好处地用在生活中。"① 因此，

---

① 〔美〕露丝·本尼迪克特：《文化模式》，何锡章等译，华夏出版社，1987，第18页。

正是一个社会中深层次文化结构中的因素决定了一定社会的性质及面貌，这些因素可能是偶然的，也有可能是必然的。一个社会的价值观念和思维方式的不同，很大程度上决定了一个社会在历史路口上的选择：是专制和集权还是自由和民主。不同社会文化背景，会孕育和产生不同的行政文化，所以不同国家的行政文化才会复杂和多元。人是社会中的人，受到诸多环境因素的影响，行政人员亦是如此。行政人员在进入行政组织以前，受到社会传统的熏陶，这种熏陶以一种不自觉的形式影响着行政人员进入行政组织的目的、行为、动机、态度以及效果，在传统整体主义行政文化影响下，行政体系以及行政组织都带有明显的整体主义色彩。

一　整体主义行政文化和现代官僚制度的冲突

总结 20 世纪公共行政学的发展历史，大概有三种理论倾向，第一种是公共管理发端时期的理论，第二种是韦伯和威尔逊的重视技术和科学的理论，第三种是按照市场机制进行行政改革的理论。第一种理论有明显的政治学倾向，容易将政治行为引入权谋化方向；第二种理论容易将公共行政引入形式化的歧路；公共选择学派和"经济人"假设出现以后，又有一种潮流要求将市场的机制和原理引入公共行政，按照市场机制来解决政府中出现的成本过高等诸多问题。[①] 可见，政府的角色定位经历了侧重政治职能和侧重经济职能的摇摆，具体来讲政府的经济和政治职能包含以下几个方面：①提供经济基础；②提供公共物品与服务；③解决与协调团体冲突；④维持私营部门的竞争；⑤保护自然资源；⑥确定个人获得服务和物品的最低条件；⑦保持经济稳定。[②] "在经济职能的实现过程中破坏了政治上的公平、公正之要求；在政治职能的实现中则破坏了经济的自由和平等原则。归结起来，两种职能都置政府于不道德的境地。所以，在政府发展中，需要引入道德向量，在承担起政治与经济职能的同时，还要获得并实现道德职能。"[③] 只有履行了经济、政治、道德职能的政府才是健全和完整

---

① 张康之：《寻找公共行政的伦理视角》，中国人民大学出版社，2012，第 216 页。
② 〔澳〕欧文·E. 休斯：《公共管理导论》，张成福等译，中国人民大学出版社，2011，第 105 页。
③ 张康之：《寻找公共行政的伦理视角》，中国人民大学出版社，2012，第 226 页。

的政府。

现代官僚制倡导技术、理性、责任，提倡"祛除价值"和"非人格化"，在这样的要求下，行政过程被倡导对所有的行政事务都进行精确和精准的计算和定量化设计。由于政府提供的商品和服务具有"非市场化"的特征，这种计量化的设计在实践中遇到了无法克服的困难。"政府在总体上的这种非计量性质，决定了行政人员的行为也无法计量化。"① 因此，行政过程无法完全排除个人的感情因素，行政人是既具有理性又有价值倾向的行政主体，行政管理中的价值因素应当被重视和发掘。中国当代的行政文化无法从根本上摆脱整体主义的影响，等级关系、伦理道德这些传统行政文化中的因素在当代或多或少有所表现。在传统的社会中，一切权力向上集中到皇帝手中，国家和百姓的命运维系在皇帝身上，一定程度上导致了"权力本位"。所谓权力本位是指权力成为分割社会财富的工具，拥有权力的个人可以通过权力获得超额的利益，权力成为个人占有物质、精神财富的手段，从而在社会价值观念体系中产生权力崇拜，权力至高无上的观念，权力成为人们追求的最高目标。② 中国传统的社会治理和行政方式建立在中央集权、传统官僚制和血缘关系之上，不仅形成了严密的组织结构和制度，而且形成了一种上下级之间伦理色彩极强的人身依附关系。"权力本位"思想以及传统社会治理方式和当代的工业化、法治化、专业化、技术化的趋势严重不符。在新的时代下，传统整体主义行政文化的伦理基础不会完全被否定，而是走向一个扬弃的过程。换句话说，当代中国行政组织既具有官僚制的现代性外衣，同时又无法摆脱传统整体主义行政文化的内核，这就必然导致传统和现代之间的冲突，冲突中传统的整体主义行政文化可以经过重新调适，继续为行政组织的运转和稳定发挥作用。"如果我们不满足于这种形式上的比较，而是深入到官僚制的实质性内容方面进行分析的话，就会发现，在中国传统官僚制的封建形式中，是包含着一些有价值的因素的，这些因素可以用来补救现代官僚制责任中心主义

---

① 张康之：《寻找公共行政的伦理视角》，中国人民大学出版社，2012，第 269 页。
② 张永缜：《权力本位：中国现代化的绊脚石》，《理论导刊》2001 年第 2 期，第 44～45 页。

体制设置上的缺陷。"①

二　整体主义行政文化的自我调适

过度强调理性、注重技术效率使官僚产生异化，韦伯提出的科层制受到诸多批判，但如果对整体主义行政文化中的道德因素过分强调，就有可能导致效率下降，最后危及实际的行政控制能力，甚至发生政权的重大危机或颠覆；如果作为组织成员的个人过度湮灭在集体中，也会使组织难以适应外界变化以致组织凝聚力下降。传统的整体主义思想在当代并没有完全消失殆尽，而是以另外一种形式蕴含在现在的行政组织中。整体主义的道德原则难免在调节利益关系上存在公平压倒效率的问题，而表面上的公平又可能演化为公权力的过度延伸，使公共权力的边界难以清晰界定，进而政策的制定和执行可能存在对公平效率关系的误解和曲解。同时，市场发展带来体制内的、体制外的、体制内与体制外的、国内与国外等诸多复杂的利益冲突，在政府主导改革进程的格局下，传统的整体主义行政文化如果要适应中国现代的官僚制，就必须要对自身不适应时代发展的因素做出调整，发扬自身优势，避免自身弊端，与时俱进。

1. 行政改革和整体主义行政文化

随着社会多元化的发展，创新行政、创新公共管理已经成了世界的潮流和趋势。在诸多的创新中，建设服务型政府、达到善治、注重多元协作成为行政创新的基本内涵。行政创新是全方位的，从组织形式到文化意识都需要变革。以西方为例，古典行政以及福利国家时代的技术官僚按照操作手册呆板地遵循行政原则的时代让位于效率、绩效、价值统一的管理行政和服务行政。中国的情况与西方略有差别，一方面要继续巩固中国已经形成的行政管理改革成果；另一方面，围绕传统的理性精神形成的官僚制建设还存在诸多问题，只有继续深化改革，才能达到成熟并且兼具中国特点。因此，中国的行政创新可谓任务更重，应从以下三个方面认识行政改革和行政文化的关系。

首先，中国的行政改革不能抛开价值性因素而对制度和组织进行简单、静态的构建。在一个人口众多、地区发展不平衡，同时面临着全球化

---

① 张康之：《寻找公共行政的伦理视角》，中国人民大学出版社，2012，第 272 页。

进程压力，又伴随着诸多全球性问题的发展中大国，传统整体主义行政文化中强调的稳定、忠诚和服从的观念对复杂形势下的国家治理，对保持政府的稳定性有正面的作用。总之，传统的整体主义行政文化，其积极的一面尚未在组织建设上完全发挥应有的作用，因此，行政创新并非是对旧文化的完全决裂，而是在继承中创新，制度和组织的创新都离不开行政主体，因此要重视行政人员的参与性和内在驱动力。

其次，传统的整体主义行政文化有其内在稳定的特征，但也可能造成其保守、不易改变、僵化，进而导致组织文化创新性不足，减慢组织变革的速度。对于中国这样一个领土广阔的大国，古代的文官制度在历史上为其提供了行政管理的基本架构和人力、物力的资源，但官僚的总数却不多，这跟古代文官制度的稳定性有着很大关系。文官制度的价值背景，即整体主义行政文化的核心理念——秩序、等级、礼仪、道德等观念维系着制度的稳定。儒家思想通过科举制这一伟大的创举将自己的等级、礼仪、道德伦理等理念灌输给每一个试图进入官僚机构的官僚、士绅，并通过他们强化自己在制度中的地位，赋予文官制度儒家化的道德人格。文官制度不再是静态化的工具，而是具有人格的动态组织，并且参与到每个人的社会化过程中，官僚与制度紧密地结合在一起，并对制度的稳定运转提供重要保障。但制度中只要有官僚和政治实践的存在便会产生惯例，当文官制度以有效、稳定的姿态运转很长时间以后，官僚会通过很多政治实践形成许多不言自明的惯例，不少惯例有利于提高官僚的行政效率，提升自身的升迁速度，但是从长远和全局来看，这些惯例是官僚们消极为官之道的表现，官僚们失去了创新的动力与能力，成为文官制度惰性的来源，进而阻碍了整个制度的创新与发展。因此，对于当今的行政改革来讲，整体主义文化需要进行自我调适。只靠顶层设计、高层推动，是很难取得显著的行政创新的，传统行政文化会对行政体系创新带来阻力。"在文化方面对制度进行组织和体制上的微调，可以使组织更具弹性，使人员更具活力，提高整个制度对环境的应变与适应能力。"①

---

① 尉鹏阳、孙津：《儒家思想对古代文官制度的影响及当代启示》，《中共山西省委党校学报》2014 年第 5 期，第 103 页。

最后，整体主义行政文化自我调适的滞后会造成制度和体制的僵硬。就文化的特性来讲，"文化对社会变迁的反映是其他各要素中最慢的，这种特性虽然增加了制度的稳定性，但也会影响到制度的灵活性。因此，当一种文化发展明显滞后于社会环境变化时，如果只是人为地进行政治层面的干预，而缺乏文化内涵及其体制方面的创新，那么或者会使既有体制更加稳定，或者产生另一种危险，即政治和社会矛盾在不可预测和不可控制状态下的随机爆发"①。整体主义行政文化自身的稳定性有可能使行政体制和组织保持稳定，但如果整体主义行政文化滞后于行政制度和行政体制，极有可能发展成为社会的动荡和政治上的危机。

2. 传统整体主义行政文化和中国共产党的组织文化

传统的行政文化与 20 世纪以来中国共产党的组织文化有一定的内在关联，因为马克思主义思想和整体主义思想在有些方面上是一致的，所以马克思主义思想对中国共产党人来说有强烈的亲和力。党是一个由职业革命家组成的革命政党，所谓"职业革命家"即无产阶级革命事业的参加者虽然来自不同的阶级和阶层，原先各有自己的职业，但他们成为职业革命家后，就放弃了原先的职业，或将其置于次要地位，而以革命工作作为自己唯一的或主要的职业了。② 在吸收马克思主义思想基础上，对党员的个人要求和约束占据了主导地位。在实际斗争中，吃苦在前、享乐在后的思想和整体主义思想中的忧患意识有内在关联，为共产主义奋斗终身的牺牲精神和整体主义中舍生取义、杀身成仁的精神有共同的道德基础。对于当代的中国政府，为人民服务是其根本宗旨，这种信念贯穿在行政人员的行政行为和行政理念中，"不仅在政府的制度设计和体制设置上需要体现出公共意志，而且要把公共意志作为行政人员必须加以执行的信念"③。因此，中国共产党的组织文化和整体主义文化的内在一致性为整体主义文化调适提供了文化土壤和组织基础。

---

① 尉鹏阳、孙津：《儒家思想对古代文官制度的影响及当代启示》，《中共山西省委党校学报》2014 年第 5 期，第 103 页。
② 丁世俊：《列宁论"职业革命家"》，《党建研究》1990 年第 2 期，第 36~39 页。
③ 张康之：《寻找公共行政的伦理视角》，中国人民大学出版社，2012，第 274 页。

3. 整体主义行政文化对于维护社会的基本秩序和稳定有重要意义

整体主义行政文化以实现社会和谐为最终管理目标，并且在行政过程中秉持重视社会整体和关系的理念，这些都在社会稳定和社会团结方面发挥了重要作用，此外，整体主义行政文化中的"群体观念"有助于提高行政管理的权威性和有效性。张康之认为，传统中国社会是"群本位"的社会，西方社会是典型的个体至上的社会，这导致了行政客体会在道德引导下主动做出自觉的行为选择，而西方国家的个体必须服从外在的规范权威，破坏权威成为一种内在的冲动，而在中国，个体对权威会形成一种发自内心的服从[①]，对权威的服从一方面可能造成行政人员对权力的追逐，另一方面也会提高行政管理的有效性和政策的执行力。

---

① 张康之：《走向现代化的行政价值选择》，《国家行政学院学报》2000 年第 6 期，第 63 ~ 64 页。

第三章　行政组织的整体主义特征

从宏观上讲，行政组织可以分为行政组织结构和行政组织体制，整体主义体现在结构和体制上的特征分别是层级过多和中央集权；从微观上讲，行政组织又可以分为决策机构、职能机构、咨询机构、执行机构、监督机构等职能部门，整体主义特征集中体现在监督机构的运行上。无论是组织的结构特征、组织的机制特征，还是组织的监督职能都体现了中央和地方的互动关系，即整体主义的核心思想：整体和部分的关系。具体表现为事权和领导权的配置：中国的行政组织有中央权力压过地方的趋势，中央权力处于核心和决定性地位。中国古代中央行政组织的演变就是权力互相制约的过程：首先，为了集中中央的权力，皇帝需要行政官员进行社会治理，同时又要防止其权力过大，于是设置一个新职位限制其权力，使地方的权力互相制约、互相掣肘，新的职位后来演变成为新的行政层级，直接导致中国行政机构层级繁多；其次，中国领土面积极为广阔，中央对地方进行有效控制的手段是设置"使职"，这些"使职"在短时间内有效地增强了中央和地方的联系，但也造成了官职设置重复、事权模糊，后来一些"使职"转变成固定的职位和行政层级，地方的权力不断加强，中央的行政权力相应减弱。这两个特点使中国行政陷入一个怪圈，即为了加强中央集权，权力会盘根错节，职位设置纷繁交叠，加之一些临时职位转为固定后，行政层级越来越多，导致行政效率低下，行政成本加大。于是行政机构在每个朝代的末期因为无法承受社会以及环境变化带来的冲击，进而分崩离析，朝代也随之灭亡，这种整体主义原则下的行政怪圈警示现代的行政管理者要时刻保持行政幅度和层次适度的原则。

第一节　行政组织形成的历史背景

"行政模式"是整体主义特征的载体，而"行政模式"的产生必然伴随着"行政"的产生。现代意义上的"行政"一词是名词，有三个层面上的含义：一是指"三权"——立法权、行政权、司法权中的一种，是履行行政事务或功能的权力；二是"政治－行政"两分法中的"行政"；三是行政管理事务中的"行政"。《汉语大词典》将"行政"解释为：一是管理国家事务；二是管理机关内部事务。[①]　根据张帆所著《"行政"史话》中的记载，古典文献中没有名词"行政"一词，"行政"一词作为动宾结构在古代运用较多，意为"行政事"，在《春秋左传》和《史记》中都有所运用。[②]　因此，"行政"的概念大都与君王或贤人、大臣有关，"周公行政"一词中蕴含了成王长大成人之后，周公还政于成王的含义，这里面的"政"有"公共"的含义，这个含义是"administration"所没有的。[③]　这是从词源上考察"行政"一词。

本书认为"行政模式"是一国政府在其历史文化环境下形成的，为了实现政府的经济、政治、社会等职能，在政府行政过程中融合行政文化、行政组织、行政行为和行政机制的总和。因此，考察"行政模式"必然无法绕开对行政组织的研究，对行政组织的研究是行政模式研究的核心组成部分，而行政区域组织的历史可以追溯到春秋战国时期。随着春秋战国时期各国推行"富国强兵"的政策，郡县制逐渐取代分封制，基层行政组织逐渐取代宗族组织，郡县乡里的行政区划逐渐形成。[④]　所以，如果将行政区划的形成作为中国行政模式的开端的话，那么考察作为其背景的分封制就是必要和必需的，本书将分封制放在等级贵族治理的模式下进行讨论。

---

① 毛桂荣：《"行政"及"行政学"概念的形成：中国与日本》，载《中国公共管理论丛》2013 年第 1 辑，燕山大学出版社，2013，第 3 页。

② 张帆：《"行政"史话》，商务印书馆，2007，第 16～20 页。

③ 毛桂荣：《"行政"及"行政学"概念的形成：中国与日本》，载《中国公共管理论丛》2013 年第 1 辑，燕山大学出版社，2013，第 2 页。

④ 谢伟峰：《从血缘到地缘：春秋战国制度大变革研究》，博士学士论文，陕西师范大学历史文化学院，2013，第 33 页。

一　等级贵族治理模式

西周灭商，实行分封制，周初分封的诸侯大多数是姬姓宗族，即同姓宗族。除了分封功臣外，先圣的后人以及一些殷商的贵族都得到了分封，周天子以宗法为基础，以血缘为纽带成为天下的共主。分封的诸侯也具有一定实权，某种程度上分封的诸侯国也都可以作为一个独立的政治实体。"昔武王克殷，成王靖四方，廉王息民，并建立母弟以藩屏周。"① 宗法制的核心是嫡长子继承制，在确立嫡长子的地位后再把庶子分封出去。天子是大宗，嫡长子将继承王位，再将王位传给嫡长子，庶出的儿子是小宗，小宗被天子分封爵位，建立诸侯国。② 分封制和宗法制成为等级贵族治理模式的内在结构，支撑着自上而下的金字塔结构，成为一种围绕血缘关系展开的网络，围绕着网络和所处位置，决定着人们财产的多寡和权力的大小。《荀子·儒效》称"立七十一国，姬姓独居五十三人"。很多先秦的古籍都对分封有诸多的论述，以《墨子》为例，《墨子·非攻下》说"古者天子之始封诸侯也，万有余"。《墨子·尚同下》又说"是故选择贤者立为天子，天子以其知力为未足独治天下，是以选择其次，立为三公。三公又以其知力为未足独左右天子也，是以分国建诸侯"。一些学者认为分封制实质上是国家政体，"封国的出现，不仅打破了受封地区本族人聚居的局面，而且也使本族人掌握政权已不再成为可能。同时，周王朝又在诸侯国同王室的隶属关系上制定出一系列的制度上的规定。这样，周初受封的诸侯国基本上具有了周王室在边陲地区的地方政权的性质……地方政权机关的建立，实现了周王室及诸侯国对它们所占有领土的有效统治"③。而另外一些学者则认为周代的分封制，"仍以血缘关系为基础的宗法制为主要依据……更有所谓'普天之下，莫非王土，率土之滨，莫非王臣'的说法"④。

---

① 《左传·昭公二十六年》。
② 谢伟峰：《从血缘到地缘：春秋战国制度大变革研究》，博士学士论文，陕西师范大学历史文化学院，2013，第33页。
③ 黄中业：《西周分封制在历史上的进步作用》，《社会科学战线》1986年第3期，第160～165。
④ 彭校：《从"和而不同"看周代的政治体制》，《乐山师范学院学报》2014年第2期，第111～115页。

虽然这个时期国家已经形成①，但是"主权"和"政府"这样的词语不能直接用在西周的行政体制上，"主权在民"和"主权在君"都不能成立。持续的分封过程使得周王室直接掌握和管理的地区与人口有限，随着诸侯势力的发展，以往天子相对诸侯的优势也不再明显。此外，和分封制相生相伴的是宗法制度，是一种基于血缘关系建立起来的管理土地和财产的分配制度。起初宗法制有利于维护天子的权威和控制诸侯，如果把宗法制比作一张网，随着时间和辈分的增加，网络日益庞杂，关系也日益复杂，天子与诸侯的血缘关系也逐渐疏远。虽然周天子的共主地位在早期得到了较好的承认和维护，但中后期则发生了变化。因此，西周的分封制度就是一种分权的过程，此时的中国没有统一的、自上而下的行政系统及运行机制，更不存在法理基础上的中央集权。西周覆亡，周室东迁，王室丧失了大片领土。王室再也无力对诸侯进行有效的控制。春秋时期，一些诸侯以"尊王攘夷"的名义进行势力扩张，通过会盟等方式确立霸主的地位。无论是诸侯的争霸，还是秦有意识地发动统一战争，旧有的格局已经打破。虽然旧的等级贵族治理模式具有一定的稳定结构，但已经隐藏不少矛盾，这些矛盾推动着变革的发生。这些矛盾源于等级贵族治理模式自身的特征，即宗法制和分封制，宗法制、分封制与制度设计的初衷存在背离和偏差，才导致旧有模式的崩溃。

二　宗法制的衰落

宗法制"纵的方面是继承与继统关系，横向方面是逐层统治关系"。②

---

① 本书采用王震中先生的观点，他认为国家应该起源于夏，夏、商、周的国家形态是一种"复合制的国家形态"，即一种和三代之前、三代之后以及古罗马、古希腊、欧洲封建国家不同的国家形态，它的特征是没有统一的中央集权，没有行政上层级严格的隶属关系，但是在政治上邦国不具有独立性，没有主权，在军事和经济上也要受制于中央王国，所以称为"复合制的国家形态"。关于进入国家社会之后的演进阶段，具有代表性的有宫崎市定和贝冢茂树的"城市国家—领土国家—帝国"说，苏秉琦先生的"古国—方国—帝国"说，谢维扬先生的"早期国家—成熟的国家"说，以及王震中先生的"邦国—王国—帝国"说。同样，本书也采纳了王震中先生关于国家形态演进的阶段理论，认为秦帝国的建立标志着国家形态进入帝国阶段，而其标志是有行政层级和行政机构的中央集权的建立。因此，中国的行政模式的形成背景要追溯到夏、商、周，但其正式确立是和秦帝国的建立同时的。

② 张荣明：《西周地方行政制度辨析》，《烟台师院学报》（哲学社会科学版）1987 年第 2 期，第 44～51 页。

因此，王室对诸侯的内部控制取决于两个因素：一是血缘因素；二是隶属因素即王臣关系。宗法制的衰落就源于这两个因素。就血缘关系而言，在周代王与臣之间的关系中，王并没有处于绝对的权威和控制地位，这是宗法和血缘使然。周王身边还有他的兄弟叔伯等人组成的一个庞大的贵族集团，这样的贵族集团不仅和周王有千丝万缕的亲戚关系，而且作为极其重要的政治集团拥有着重要的行政职务。如周伐纣成功后不久，周武王去世而年幼的周成王继位，这个关键时期周公辅政发挥巨大作用。周公旦是文王姬昌的第四子，武王姬发的弟弟，姬姓亲族构成了卿士集团，卿士重要的任务就是率军作战，诸侯国内部也存在类似形式对诸侯权力进行制约。周王把自己的土地分封给诸侯之后，诸侯分别按照等级制度划分自己的土地给卿大夫，卿大夫获得自己的土地，即采邑，但他们下面一级的"士"没有土地，有的卿大夫封地很大，加上自己的臣僚系统，形成不容忽视的政治力量。战国以来虽然世卿制度逐渐衰落，但是贵族依旧是诸侯国内部重要的统治阶层。从战国末期看，信陵君出将入相，孟尝君和平原君都担任仅次于国君的相国，他们也都是国君的重要血亲，亲族的辅佐和制约使得天子和国君并不能完全为所欲为，宗法制度下的"亲亲"成为最重要的制约因素。西周时期年纪尚轻的太子即位，太保和太师是拥有兵政大权的辅佐重臣，而这样重要的职务只能由亲族来担任。曾经帮助武王伐纣的姜子牙就担任过太师，"在当时重视宗法的贵族政权中，师保之职应由父兄辈出任的，所谓'自王以下，各有其父兄子弟以补察其政'。尽管姬、姜二姓长期联盟，互通婚姻，关系密切，但是吕尚毕竟是异姓，虽然官为太师，不可能和召公、周公同样受到重视。这在文献中是可以看得很清楚的"①。

就职位因素而言，天子与诸侯、诸侯与自己的臣属之间的隶属关系非常清晰。因为天子分封诸侯，所以天子可以发布命令给诸侯，但是天子并不能直接节制诸侯的臣属。如果天子想让诸侯的臣属执行相应的命令，天子只能通过诸侯来达到意图。西周早期天子可以直接管理和命令王畿内的各级官员，也可以对诸侯甚至诸侯国的上卿发布命令。《国语·晋语》记

---

① 杨宽：《西周中央政权机构剖析》，《历史研究》1984 年第 1 期，第 80 ~ 81 页。

载："武公伐翼，杀哀侯，止栾共子曰：'苟无死，吾以子见天子，令子为上卿，制晋国之政'。"总结起来，天子与诸侯之间的权利与义务有策命与受命、制爵与受爵、巡守与述职、征赋与纳贡、调兵与从征。① 到了西周中后期，周天子对诸侯、王畿内官员的控制力逐渐下降，甚至对王畿内王臣的附属臣僚都逐渐失去了控制，虽然由国君任命卿大夫，但大夫下属的臣僚也有成为大夫私臣的趋势，这样国君对卿大夫的控制力进一步减弱了。这样看来，不仅血缘关系不再像最初那样有制约性，周王对臣下的约束也更加松散，宗法制的衰落已成必然。

三　分封制的衰落

周代崇尚以"礼"为核心的文化，"礼"代表着严格的等级与关系，"宗法制"的作用就在于规范和调节各种关系。一个是王室对诸侯的内部控制，一个是王室对诸侯的领地管理。两个向度上的控制在西周末年都逐渐削弱，所以导致了宗法制难以为继。因此，周王和诸侯在领地上的隶属关系以及上述的政治关系、行政关系都体现了宗法制度和分封制的结合。宗法制度规定了从天子到诸侯的继统法则，分封制则是宗法制度的外在表现，在一定时期这种结合形成稳定的结构。宗法和分权密不可分，因为宗法制离开了分封（土地、人民、政事被孟子称为"诸侯三宝"），就成为一种虚空的划分，没有实际的政治意义。分封必然带来了分权，宗法关系中的天子、诸侯和卿大夫的权力需要资源的保障。武王在分封的地域上，"姬"姓特别是嫡系"姬"姓诸侯占据着优势。从周王室的安危着眼，那些特别重要的拱卫王畿的地区基本上分给了嫡系宗亲。西周大力推行分封制，在姬姓与姜姓家族控制住战略要地的基础上，又给其他异姓诸侯以相当大的自主权。② 诸侯可以把土地继续分封给臣属。为了能够有效地节制诸侯，周王室的王畿有上千里，而诸侯则只有百里。在军事上，天子一般握有绝对优势的军事力量，早期周王可以制裁诸侯、讨伐诸侯。东周南迁

---

① 马卫东：《大一统源于西周封建说》，《文史哲》2013 年第 4 期，第 118 ~ 129 页。
② 杨正香：《从早期历史看中国和西欧历史的走向》，《江汉论坛》2002 年第 5 期，第 63 ~ 65 页。

以后，周平王的土地进一步扩张，周王虽然失去西周前期、中期对诸侯的直接控制，但占据了相对优越的地理位置，使得一些诸侯必须承认周天子共主的地位。只有周天子对诸侯进行册名，诸侯才能名正言顺。最典型的例子莫过于周王册封秦，秦派兵护送平王东迁，秦襄公有功于王室，从一名大夫被册封为国君。春秋战国时期战争频繁，但是大部分时间里，周王的共主地位还是得到了承认，虽然更多的是在象征意义上。诸侯的地位、荣誉名义上都是周王赋予的，而且在经济和军事上也必须尽自己的义务，但是"亲亲""尊尊"的宗法等级概念已经衰落，臣子取代诸侯，兄弟取代兄长的事情时有发生。曲沃一族通过桓叔、庄伯和武公三代人的努力，武公终于在晋鄂侯死后，贿赂周釐王，战胜长时间与曲沃公族在经济和政治上并立的翼公室，从而得到了周釐王的册名，取得了晋国的最高统治权，这就是历史上的"曲沃代翼"。①

最初分封制本身蕴含了让封国作为屏障以保卫周王室的意图，受封的诸侯都是替周天子保管财产、维护其统治。② 因此周王室在立国之初，对诸侯的优势是相对的而非绝对的。如上所述，宗法制受到三个方面的影响逐渐衰落：一是嫡系和其他亲戚关系随着年代的发展而逐渐疏远；二是分权中的同姓诸侯与天子之间，同姓诸侯之间的关系随着利益和实力等因素的影响而发展变化；三是还有许多非姬姓诸侯本身就不是这种宗法和分封的产物。例如曾经占据了长江流域大量地区的楚国对周王并不臣服，以蛮夷自居，这些诸侯的离心倾向也随着形势的发展而逐渐增强。宗法制的衰落直接动摇了分封制，在这样的背景下，早期相对稳定的宗法和分权结合形成的等级贵族治理模式受到了来自系统内部的打击。等级贵族治理模式的基础是分封制和宗法制，作为统治基础的两种制度都逐渐走向衰落，等级贵族治理模式失去了内在的调整弹性，回旋余地已经变得很小。除此之外，外部环境的变化也给脆弱的等级贵族治理模式以重大打击：首先是王畿曾经占据的土地、人力、财富等方面的优势随

---

① 张有智：《先秦三晋地区的社会与法家文化研究》，人民出版社，2002，第 69 页。

② 杨恕、王欢：《春秋时期诸侯国是独立主权国家吗？——与叶自成先生商榷》，《中国边疆史地研究》2005 年第 4 期，第 1~9 页。

着诸侯国势力的不断扩张而削弱，同时受到游牧和蛮夷民族的入侵威胁，王室生存的空间和环境变得恶劣；其次是西周后期发生过国人暴动，赶走周厉王，末期的周幽王昏庸无道，政治动荡，终至亡国；最后是周平王南迁，却没能把王畿地区的人民带走，这也直接削弱了东周初期的国力，导致周最终灭亡。

第二节　行政组织机制的整体主义特征：
中央集权

伴随着旧有等级贵族治理模式的消亡，新的制度和模式的兴起，以血缘和姻亲维系的旧制度被以地缘关系为纽带的行政模式取代。东周时期周天子的权威逐渐衰退，战国时代的大国均有机会夺得天下，诸侯国加强对土地和人民的控制，提高自己的军事实力。每个大的诸侯国都将取得的土地进行行政划分，而不是进行分封，以春秋战国时期为标志，行政的层级结构建立起来，中国的行政模式也开始产生和形成。主要表现在：行政权力向国君手中集中、郡县制开始施行、国家对社会资源的获取和整合能力提高、世卿制度废除、中央集权官僚制诞生等。进行这样改革的国家很多，秦国的改革最早也最为成功，也使秦最后完成了统一。以秦为例就能很好地说明中央集权的实现过程。

一　中央集权实现的历史背景

在尧、舜、禹以及周时期，中国只有"共主"，没有皇帝。但是"大一统"的观念已经在春秋战国时期逐步确立，各国诸侯纷纷以"统一天下"作为最高的政治理想。秦始皇创立了"皇帝"制度，成为中国历史上第一位皇帝。"皇帝"从本质上讲是"天下共主"概念的延伸，皇帝是封建社会中权力的最高掌握者，秦始皇拥有至高无上的权力，可以向一切臣工发号施令，并通过严刑峻法加以保障。这和西周时期的天子与诸侯的关系有明显区别。周王只能号令诸侯，而对诸侯手下的大夫没有直接的行政指挥权。诸侯对大夫的私臣也必须通过大夫来命令行事。秦国不仅统一赏赐、刑罚，还统一了教育，"所谓壹教者，博闻、辩慧、信廉、礼乐、修行、群党、任誉、清浊，不可以富贵，不可以评刑，不可独立私议以陈其上"①。从行政上讲，秦帝国的前身秦国通过行政层级、户籍制度以及行政官僚体系的改革逐渐实现了天下的统一和中央集权。

首先是行政区划制度的改革。以地缘关系结合起来的地区行政治理打破了原先以血缘关系结合起来的宗族治理。宗族的特点是"其一，为姓族以下的亲属组织，有明确的父亲先祖和谱系；其二，在组织结构上有多级性，由主体家族与若干分支家族组成。分支家族仍可有更小的分支"②。许多贵族都经过战争及内部争斗的洗礼，其成员有些被灭族，有些流亡他国，成为自由民的主要来源。除此之外，曾经依附于贵族的庶民开始脱离自身的宗族，于是，如何对自由民进行管理成为秦国的首要问题。秦统一全国后，对地方的行政区划进行改革，使地方的行政区划趋于一致。相对于层层分封，秦国实现了行政控制扁平化，即君主和中央政权可以直接对郡县进行施政。之前一些发挥军事防御功能的地区逐渐变为行政区，原先的军事长官逐渐转变为最高的行政长官及郡守，另外设立了郡丞、郡尉辅助管理行政事务以及军事事务。秦统一后实行全国范围内的郡县制，"境内所有人口皆须普遍列名国版，生则着籍，死则削名除籍"③。郡县制在之前的实践中以局部推行，特别是对在军事征讨中纳入版图的新领地，直接设立县，由国君控制掌握。

与郡县制改革配套的是户籍管理，秦的户籍管理制度非常严格，覆盖的人群极其广泛。户籍管理在一个十分需要劳动力的农业社会中起着举足轻重的资源汇集作用，"民数者，庶事之所自出也，莫不取正焉，以分田里，以令贡赋，以造器用，以制禄食，以起田役，以作军旅"④。在技术相对不发达的农耕社会，精良化的数字管理非常困难，户籍则提供了为数不多的技术选择。秦国严格的户籍管理在统一战争中发挥了重要的作用。以灭楚为例，第一次灭楚失败后，秦国立即重新组织了60万人发起第二次灭楚战争，最终取得了胜利，如果没有户籍管理为依托，动员的效果会大打折扣。

①　高亨注译《商君书注译》，中华书局，1974，第133页。
②　朱凤瀚：《商周家族形态研究》（增订本），天津古籍出版社，1997，第65页。
③　张金光：《秦制研究》，上海古籍出版社，2004，第804页。
④　徐干：《中论·民数》，辽宁万有图书发行有限公司，2001，第36页。

作为向中央集权国家转型的重要一环,秦国构建了高效的行政官僚体系。相国(丞相)成为辅佐君主的得力助手,公元前328年,秦惠王任命张仪为相,所谓"相国、丞相,皆秦官,金印紫绶,掌丞天子助理万机"①,嬴政继位时以吕不韦为相,同时又有昌平君为相。在武官方面,以大良造为最高职位,其次是国尉。虽然当时官僚体系尚不完备,但秦立丞相制明确了由皇帝直接挑选和任命官吏的官僚体制,从而杜绝了政出私门的现象,大大提高了行政效率。② 另外,还有监察官员即御史大夫,负责对官员进行监察,并有奉常、郎中令、太仆、廷尉、宗正、少府、卫尉等官职。在地方上,郡县的行政首长一般为监御史、郡守和郡尉。中央任用监御史以监视地方官员。另一项非常重要的改革是没有军功的宗室贵族不能获得高官厚禄和爵位封邑,而平民子弟凭借军功就能不断升迁。这是对过去分封制下的贵族把持官职的根本否定,从而有力地招揽人才,增强行政体制的活力。经过很多国君的努力,新的行政模式已经基本建立,这种模式下国君具有最高的法理权威。同时,官员或者贵族的权威已经不再取决于由血缘带来的天然职位继承,而要依靠军功和在官僚体系中的等级,进而中央集权程度大大加强。贵族即使拥有封邑,也只是获得了相应的经济利益,而不再具有直接管理封邑的政治和军事大权。在秦王嬴政的最后努力下,终于统一六国,并将秦制推广到了其他诸侯国,这既是中国历史上的大统一,也是中国行政模式的最初建立。

二　专制主义中央集权制的整体主义辨析

西周时期的统治模式是等级贵族治理的分封制。等级贵族治理最大的特点是宗法和分封,而以整体主义为特征的行政模式必然以权威和集权为基础。两种模式之间的转换是一种从路径依赖到路径替代的过程。西周等级贵族治理模式的内在矛盾和冲突激发了新的变革因素,这些因素最终导致新的模式产生,特别是秦帝国的建立加速了这一过程,而秦汉两个王朝

---

① 《汉书》卷十九。
② 潘云勇:《从秦官制的变革看秦统一的原因》,《商丘职业技术学院学报》2008年第3期,第99~100页。

的建立和巩固标志着这一路径基本完成。因此，整体主义特征在中国行政模式中的确立过程也是中国行政模式的确立和巩固的过程，是代替传统等级贵族治理模式的过程。在这种形势发生巨大而深刻变化的情况下，新的行政模式对旧有等级贵族治理模式有两方面的路径依赖：第一，在宗法和分封的格局中，形成了"天下共主"的主导意识形态；第二，以礼为代表的道德思想规范着行政格局与行政关系。这两个方面又内含了天下一统的政治格局，成为建立起以权威和集权为组织特征的行政模式的内在动力。周王"天下共主"的地位，首先，建立在周能联合其他诸侯、部落伐纣成功的基础上；其次，周初的分封制和宗法制，在姬姓亲族的帮助和支持下，周王室能够有效地制约非姬姓诸侯；最后，周朝推行礼治，重视以德治国，周代统治者通过王权神授论证了王权的至上，还把"天命"和"德"联系起来，论证了王权至上的正当性。①

这对后世具有很深远的影响，无论是秦统一六国，还是刘邦建立汉朝，都要借助一定的学说来实现天与人的沟通和统一。春秋时期，诸侯中的霸主推行"尊王攘夷"，战国时期诸侯间的一些纷争需要周王进行调解，这些情况表明诸侯中还存在对周天子的政治认同和道德认同，这些认同逐渐在战国晚期转化成了一种文化认同，这种文化认同对政治与行政的发展具有导向作用：原本处于中心的周王室和处于边缘的诸侯之间的格局发生变化，王室地位下降而诸侯地位上升。诸侯兼并剧烈残酷，天下需要重新回归到一统，形成新的最高的政治、文化认同。从这个意义上说，在数百个诸侯国不断消亡的过程中，虽然战国七雄最后走向统一是诸多因素使然，但对"天下共主"的认同是其中一个非常重要的因素。为了巩固这种最高认同，新的行政模式既然打破了宗法和分封，权力的集中就成为必然，血缘上的宗法让位于法理上的权威而退居其次。权力的集中和法理权威的树立需要行政系统进行体制和结构上的变革，新行政模式在一个特定的历史时期出现了，这个时期是诸侯国兼并的时期，也是秦国建立的时期。与西方民族国家的形成过程不同，"在春秋战国时期，楚、齐、晋等早期的争霸国逐渐增强行政能力，向其人口征兵以扩张军事实力，提高作

---

① 马卫东：《大一统源于西周封建说》，《文史哲》2013 年第 4 期，第 118～129 页。

为国家财富基础的农业产量，并巩固对所占领土的中央控制"①。而欧洲民族国家的形成是通过国与国之间的残酷战争实现的，所以，英法等国没有像中国的诸侯国那样通过强化行政控制力来扩充军备，争夺军事优势，而是通过军事企业家这一中间人的身份，来获取雇佣兵，并向银行借款来筹集军事经费。英法等国家的政府与社会之间没有产生一种中国式的控制关系，社会逐渐发展出了许多不被政府控制的力量和组织，随着市民社会的形成和发展，民族国家形成以及王权得到巩固，这些组织逐渐被社会尊重和承认。

所以，新行政模式的形成伴随着中华帝国体系的建立，"中国传统社会的帝国体系，又称中华帝国体系，是在秦建立统一的国家基础上形成和发展的，汉承秦制之后，通过独尊儒术，实现了制度体系和价值体系的有机统一，此后这套体系不断完善，直至存续至清末"②。帝国政治体系的基础是中央集权和官僚统治，文化基础是儒家思想，经济基础是小农经济，社会基础是宗法社会。③ 统治者必须组织一个中央集权的政治共同体，S. N. 艾森斯塔特认为帝国的中央集权有三个特征：一是在特定疆域上的统一的、相对同质的统治；二是为整体的政治单位确定对中央权威的效忠并以中央权威为榜样；三是有和中央权威相适应的行政机构。④ 秦朝统一六国之后，建立起了以严格的行政层级划分为基础的中央集权国家，这为中国行政模式的形成奠定了组织基础。

秦始皇建立了中国第一个大一统国家，结束了先秦时期的分封制，在中央和地方权力的划分上实行中央集权的专制主义制度。中央集权不是一种具体的机构设置，而是一种行政机构的设置原则和倾向。古代的行政体制，被称为"专制主义的中央高度集权体制"，封建君主拥有至高无上的权力，

---

① 〔美〕许田波：《战争与国家形成：春秋战国与近代早期欧洲之比较》，徐进译，上海世纪出版集团，2009，第216页。

② 付春：《从帝国体系到民族国家：中华民族的形成与发展》，《广西民族研究》2009年第2期，第1~8页。

③ 付春：《从帝国体系到民族国家：中华民族的形成与发展》，《广西民族研究》2009年第2期，第2页。

④ 〔以色列〕S. N. 艾森斯塔特：《帝国的政治体系》，阎步克译，贵州人民出版社，1992，第23页。

统揽一切大权。① 其中含有两个重要因素：君主专制和君主集权。前者描述了中国行政体制的这样一个特征，即历史上很多帝王为了保卫自己的权力稳定而不择手段，对身边的大臣甚至一个阶层采取极端、严酷的统治方式；后者描述的是中国古代行政体制的另外一个特征，即一种行政管理的方式，这种管理方式在坚持中央集权和政权稳定的原则下，权力层层向上集中，最后集中到皇帝一人手中，社会每个角落都有皇权的力量触及。中央集权是一种权力的纵向分配原则，在古代与之相对应的是先秦的分封制。在分封制下，君主将土地分给诸侯，除了每年接受来自诸侯国的进贡，君主在诸侯的领地内没有直接的、太大的权力，而诸侯在自己的领土上有自己的资源和收益。秦朝废除分封制后，不再划分基于血缘关系的封地，而是划分以中央为核心的行政区域，行政官员由中央任免。西汉初期，实行郡县制和封国制的混合行政体制，但实践证明，封国制无法保证政权持续稳定，反而是矫枉过正，带来持续动乱，直至武帝时期才建立起比较完善的行政体制。因为中央集权这种统治方式有利于政治体制的稳定与延续，历朝历代的统治者们秉持着中央集权的原则，使用各种措施将军事、财政等权力向上集中，最后集中到皇帝手中，皇帝集大权于一身。在以后的时间里，集中程度越来越高，隋文帝时期，不论朝中大小事务，事必躬亲；唐太宗时期创立了三省六部制并通过法典加以确认，从法律和制度上确认了这种行政体制；北宋层层削弱地方权力；明清两代，中国的封建集权达到了登峰造极的程度。

三　整体主义特征对当代中国中央集权体制的影响

"中央集权"与"国家主义"、"专制主义"不同。中央集权是一种行政管理体制的设置原则，中央集权是相对于地方分权而言的，其特点是地方政府在政治、经济、军事方面没有独立性，地方完全由中央管理和控制，充分执行中央的政令。② 国家主义、专制主义包含中央集权，但中央

---

① 宁可：《中国封建社会的专制主义中央集权制度》，《文史哲》2009 年第 1 期，第 89~100 页。
② 何捷：《专制主义中央集权制度在我国封建社会发展中的历史作用》，《西南农业大学学报》（社会科学版）2011 年第 8 期，第 72~74 页。

集权并不包含专制主义、国家主义。在中央集权下，权力集中到中央，着重强调中央政府的力量与权威，但并不贬低地方政府的作用，也没有否定地方政权的力量在国家生活中的作用，否则将走向国家主义。如果说一个国家实行彻底的中央集权，而地方没有一点自治空间的话，这不是真正的集权主义。同时，中央集权也不一定必须采取强制或者暴力的恐怖手段来实现权力的集中以及对社会生活的全面控制，否则将走向专制主义。凡是不以维护国家秩序和促进社会功能发展为目的的集权都不是合理的，既没有彻底的中央集权体制，也没有彻底的地方分权体制，历史上的中央集权行政一定程度上影响了中国现当代行政权力的垂直分配。恩格斯认为集权是每个国家必经的过程，不管是联邦制还是单一制的国家，都可以适用集权制。事实也证明，许多发达国家在现代化进程中都经历过集权阶段，帮助大多数资本主义国家完成了统一市场、统一国家的历史任务，为资本主义发展扫清了障碍，为国家的现代化提供了坚强后盾和政治保障。一个强有力的国家政权和中央政府能够增强国家的内部凝聚力，推动社会的发展进而维护其政权的合法性。也就是说，在中国现阶段的国情下，如果没有一个集权的中央政府，不仅不能实现正常的社会管理，而且还会出现因丧失合法性而导致的无政府状态。因此，在中国这样一个多民族、广领土的国家中，不论从历史的角度还是现实的发展来看，适当的中央集权有利于社会经济建设，提高中央政府权威，保证政治的稳定和国家的长治久安。中国现行的宪法将国家权力的这种垂直分配制度定义为"国家结构形式"，而中国的国家结构是单一制，大多数学者都认为中国现行的权力垂直分配结构是以中央集权为中心，地方分权为辅的结构。中国现行的中央集权体制有历史原因也有现实原因。

1. 历史条件：中国共产党的执政地位

我国的中央集权体制和中国共产党的执政地位是分不开的，现实政治生活中的行政结构和党的组织结构重合。中国有两个并行的组织交织在国家的政治生活中，一套是政府的组织，一套是党的组织。中国共产党经历过严酷的战争时期，有着极其严密的组织体系和严格的组织纪律。这种纪律和组织极大地影响了中国现在的行政组织关系。战争时期，党中央是唯一的核心，上级的命令下级必须无条件服从，正是这种无条件的执行才保证了党中央的政策和方针在战斗中得以贯彻执行，否则无法取得革命的胜利。新中国成立后党对国家各方面工作实行领导。虽然党的任务转移到新中国的经济建设上来，但严密的关系和严谨的纪律深深地影响和反映到了国家的政治生活中。截至 2016 年底，中国共产党的党员总数达到 8944.7 万名，党的基层组织达到 451.8 万个。① 这些党员不仅遍布各个阶层，涵盖符合法定年龄的所有年龄段，而且很多都工作于国家的行政机关中，大多数国家机关公务人员都是中国共产党党员，而且是不是中国共产党党员是报考国家公务员大多数职位的前提条件。如此之多的党员和如此严密的党组织是其他国家无可比拟的。这种组织的广泛性也将中国共产党的组织性与纪律性带到了中国最广泛的地方，将民主集中制这种组织原则贯穿到最广泛的政治生活中去，通过中国共产党的组织生活调动地方群众参与政治的积极性，吸收众多优秀、高质量的中共党员。

2. 现实条件：新中国成立初期实行的计划经济

新中国成立初期，我国各方面经济水平落后，在苏联的援助下，我国采用了苏联模式，特别是计划经济模式。当然计划经济为我国经济的起步提供了巨大的动力，而且这种经济体制和中央集权体制是互为表里的。中央集权制是计划经济的前提，政府直接管理产品的生产和供应，统一计划、统一生产、统一上交、统一分配。中央集权制可以在短时间内调动较大的资源，建立起严密的组织，为计划经济提供生产的资源和分配的条件。在这种经济体制下，中国的行政管理体制的设计是根据经济生产的需求进行机构设置的。这时候的机构设置避免不了臃肿、繁杂的问题。于是，在由计划经济转型到市场经济以后，虽然中央下放一些权力，给予地方很大的自主权，但是计划经济时期带来的一些惯性与习惯也影响着中国行政分权上的机构设置。

第三节　行政组织机构的整体主义特征

行政区划的划分关系到一国政权的稳定。行政区划的设置与很多因素

---

① 《图解 2016 年中国共产党党内统计公报》，共产党员网，http://news. 12371. cn/2017/06/30/ARTI1498814970038187. shtml，最后访问日期：2017 年 7 月 21 日。

有关，中国历史上长期是中央集权的单一制国家，中国的行政区划是一个从废到立再到废的不断循环过程，在结构上体现着中央和地方不断分权——放权—分权的关系。因此，分析中国的行政管理结构即中国的行政层级就得从历史的、宏观的视角来进行。中国行政区划的设置应该考虑的众多因素包括：是否有利于中央集权的统治、行政管理职能的发挥以及对边境少数民族的统治等。自秦始皇统一中国，建立起统一的中央民族国家，除了秦始皇实行的郡县两级制和隋文帝实行的州县两级制，其他朝代都实行三级制或四级制。当今世界除少数国家以外，大都实行两级制或者三级制的行政体制，其中一些领土范围比较大的国家，比如俄罗斯实行两级制，加拿大、美国、巴西、澳大利亚都是两级制，中国目前的五级制是中国历史上和世界范围内行政层级较多的。以整体主义视角来观察中央和地方的关系，不仅要考虑中央集权的大前提，还要考虑中央和地方的关系问题，如何处理中央和地方关系，平衡和地方的力量是整体主义视角下的行政组织需要面对和正视的。

一　古代中国行政层级的演变历史

中国一直是一个领土广阔的国家，人口也一直居于全世界前列。如何设置自上而下的行政组织不仅关系整个国家行政系统的行政效率，也关系中央的决策是否能贯彻到中国的各个区域。秦始皇时期建立了统一的中央集权国家，结束了先秦时期的诸侯割据。秦始皇不仅开始了中国两千年的皇帝专制制度，也开始实行郡县制，开启了中国两级行政层级的体制。此后，中国的行政层级随着中央集权的需要以及战争动乱等影响，在放权——收权—放权之间不停变化，也在两级—三级—两级之间不断循环着，一直到明清两代才最终形成了对中国当代行政区划有巨大意义的省、府、县三级行政区划。秦始皇建立统一的中央集权国家以后，在这样一片约 360 万平方公里的土地上，生活着汉族和众多少数民族，进行集中有效的行政管理十分必要。秦始皇时期将天下分为 36 个郡，后增至 46 个，郡下面管辖的县有 1000 个左右，郡将军事、监察、行政权分别交由郡尉、监御史、郡守行使，并且由中央直接管辖。[1]

---

① 成军：《中国古代地方行政层级嬗变及启示》，《行政管理改革》2010 年第 2 期，第 73 页。

汉代基本沿袭了秦朝的制度，只是将郡的数量扩大到83个，而且给郡守使用军费等有限的财政权。汉武帝设立"十三州刺史部"① 以监视各郡，但刺史的职能是有限的，主要监察地方一些收入达到一定级别的官员以及其子弟的行为。而且在初期，刺史并没有自己固定的办公地点和下属，监察完毕便回到京城，下属也是从监察之地临时抽调的。东汉以后，为了镇压黄巾军起义，不得不下放权力，刺史一度改称州牧，拥有实权。州由派出监察特定区域的派出机构变为一级行政区域。行政层级由郡、县两级发展成为州、郡、县三级。这一时期的行政长官多由武将担任，其不仅可以增调所属辖区内的士兵，还可以处理一地的行政事务，势力呈膨胀趋势。到了东汉刘秀光武帝时期，开始罢州牧、置刺史，削弱州牧对中央权力的威胁。到魏晋南北朝时期，统治者开始增加郡和县的数量，以达到分化地方权力的目的。所以，虽然当时也实行州、郡、县三级行政体制，但是在数量上已经达到了220个州，999个郡之多。

隋文帝针对官员人数众多，百姓人数少的情况进行改革。在郡被废除的情况下，实行州直接管理县的两级行政体制。但是隋炀帝时期，又将州改为郡，唐朝的开国者又将郡改回了州。在此期间，只有数量和称谓上的变化，总体上来说还是两级的行政体制。贞观时期，太宗皇帝把全国划分成10个监察区域（称为"道"），不固定地派遣官员进行监察，监察完后官员完成使命，以防止监察官员权力过大侵夺正式行政机构的权力。唐玄宗以后，开元二十一年（公元733年），在原有的十道上增加了京畿道、都畿道，把江南道分为江南东、江南西两道，山南道分为山东、山西两道，由原先的十道增加为十五道，名义上由中央派出的人兼任，安史之乱时期作为监察区的道和作为军事区域的道相结合成为新的行政区域——藩镇（道），州、郡、县三级演变成为藩（道）、州、县三级。宋初沿用唐制，在地方设道，后派出转运使负责道一级的税收，后来为防止其权力过大，将其财政权收回中央。鉴于唐末五代藩镇割据造成的"内重外轻"的局面，宋朝统

---

① 《汉书》，中华书局，1962，第197页。

治者把加强中央集权视为立国之本。① 宋太宗时期，改"道"为"路"，全国有 26 个"路"。每个"路"分相应的行政机构以行使军事、监察、财政、行政大权，朝廷统一领导，行政层级由"道、州、县"变为"路、府、县"三级。到了明清时期，在宋朝"路、府、县"的基础上加设省，变为"省、路、府、县"四级，"省"源于魏晋时期的行台。元朝中书省的派出机构派驻地方，行省作为正式的行政单位确立下来。明朝时将"路"这一级撤掉，并且效仿宋代设置承宣布政使司、都指挥使司、提刑按察使司分管行政、军事和典狱。这时省、府、县三级的行政区划正式形成。清朝将明朝的 15 省拆分为 18 个，基本效仿明制，督抚是省级最高领导机关长官。

二　当代中国的行政层级改革

中国当代地方政府的行政区划也带着历史的印记。因为行政疆域的广阔和人口的众多，古代行政体制中体现的矛盾在当代还会持续存在。1949 年至今，中国的行政层级改革，大体上可以分四个阶段：第一个阶段是 1949 年到 1954 年，第二阶段是 1955 年到 1966 年，第三阶段是 1966 年到 1977 年的"文革"时期，第四阶段是 1978 年以来至今。新中国成立之前，毛泽东和周恩来都提出在新中国成立初期实行一种较为分权的行政体制，在组织上不能一下都集权，才能发挥地方积极性，实行大行政区—省—县—乡四级制，设置东北、华北、华东、中南、西南、西北六大行政区为地方最高行政单位，而且赋予其比较大的权力，例如财政权和人事权。② 大区设立时期是新中国成立初期国民经济的萧条时期，我国面临着肃清国民党残余部队、土地改革、镇压反革命三大任务，因此，当时中央所掌握的资源与能力使其无法直接对省级政府进行管理，大区制度不失为一种灵活有效的管理模式。实行大区制有利于因地制宜地对各个地区实施领导，以较快速度、较少层级建立起强大的中央政府，实行集中统一领导并且调动地方

---

① 黄思思：《中国古代中央行政管理体制沿革略论》，《中南财经政法大学研究生学报》2007 年第 5 期，第 69~74 页。

② 谢庆奎、杨宏山：《对我国地方行政层级设置的思考》，《红旗文稿》2004 年第 4 期，第 10~14 页。

政府的积极性，还有利于政府间关系的协调。事实证明，这一措施是有效的，对各个地方进行因地制宜的行政管理和经济恢复发挥了重要作用，并且为日后控制经济命脉、进行抗美援朝提供了重要支持。1952 年我国的国民经济迅速恢复到了解放战争前的水平，这与有效行政体制的高速运转分不开。1952 年，中央决定改大区政府成为中央的派驻机构，大区政府不再是独立的一级政府，随后又撤销了大区。有两个因素影响了大区制的取消：一是计划经济的完成使大区制失去了经济基础；二是高饶事件加速了这一进程。

第二阶段是 1955 年到 1966 年。在这期间，省、市、乡的三级行政区划在《宪法》和《地方组织法》中得以确认。1958 年，乡镇改为人民公社，规模扩大，数量减少，行署和区公所继续存在。市以下的层级街道开始出现。第三阶段是 1966 年到 1977 年的"文革"时期。行署由一个派出机构变为正式的一级行政机构，行署改为地区，变为省—地区（市）—县—人民公社的四级行政区划。第四阶段是 1978 年至今，实行一系列的行政区划改革。废除人民公社，恢复乡镇的设置。此后，持续不断地合并乡镇，乡镇的数量由 1988 年的 49159 个下降到 2007 年的 15139 个①，废除"文革"时期地区一级的行政单位，原先管理乡一级的区公所也逐渐废除。改革开放以后，随着下放权力的趋势逐渐增强，中央政府通过推行市管县来促进城乡协调发展。1983 年以来逐步形成了市领导县的体制。城市内的街道数量不断增加，而且也承担着准行政机关的职能和一级政府的管理职能，但是不是一级行政区划仍有争议。截至目前，中国的行政层级是中央—省—市—县—乡的五级体制。

三　行政层级变化体现的中央和地方的关系规律及启示

中央和地方的关系是行政模式中集中体现整体主义特征的重要方式，纵观中国古代每个朝代的初期，行政层级基本为两级制，以较为精简的结构来提高行政效率，以较快的速度建立自上而下的行政系统，展开对全国

---

① 陈剩勇、张丙宣：《建国 60 年来中国地方行政区划和府际关系的变革与展望》，《浙江工商大学学报》2009 年第 5 期，第 7 页。

的控制与管理。这样的管理体系有一定的现实依据，层级过多不利于在一个人口众多、土地辽阔的国家进行行政管理，不利于行政信息上传下达，中央的统治政策无法及时、准确地传达到地方。一个较为精简的行政层级不仅使行政信息传递速度快，而且有利于中央向地方放权，给予地方一定自治权来治理每个朝代末期因战争带来的不稳定与动乱，例如秦始皇时期实行的郡县两级制，汉初和唐初的州县两级制。但是随着时间的推移，当一个朝代的政权进入相对比较稳定的时期，整体主义特征开始在行政组织中显现，体现为中央的权力开始向上集中。一方面因为统治者担心长时间的放权影响自己统治的稳定；另一方面，地方较少的行政层级似乎也无法适应逐渐增长的社会事务和人口数量。例如唐代在中央有完善的三省六部制，六部下面设立各司，针对社会中的每一项事务，各司各有任务和职能，但是相对而言，地方的职能部门就不那么完善了，面对新出现的各项社会事务时显得焦头烂额。从行政组织学的角度来讲，管理幅度已经无法适应社会的需要。

这就要求行政系统必须做出适当的改变，一方面是为了适当增加管理的幅度，另一方面也为了增强中央对地方的控制。于是设立相应的监察区或者军事区（例如汉武帝时期的"十三州刺史部"以及唐玄宗时期的"道"）。这些派出机构的主要任务是收集地方信息、督察地方工作、向中央汇报地方情况。但这样的设置并不是一劳永逸的，如果这些派出机构的权力过大就会影响到地方机构的正常运转，进而限制这些派出机构的权力。例如向地方派出巡察官员的时间不固定，监察区不固定，监察人员不固定，明确规定监察官员的职责，禁止干涉地方事务，限制其人力和物力。但这种限制会被朝代末期的流民和战争打破，中央不得不将当初的派出机构变为正式的行政机构并增加新的行政层级，临时的派遣官员变为固定的行政长官以增强地方权力来控制地方动乱与战争。控制流民必须下放行政权，控制战争必须下放军事权。例如东汉末年、安史之乱时期以及清末时期，州牧、节度使以及督抚伴随着地方动乱一跃成为集财政、军事、行政、监察大权于一身的正式行政长官。监察机构最初目的是牵制权力，而非增加行政层级。但是，目的与手段相背离，当动乱与战争发生，临时机构转变为大权在握的行政层级，最终行政系统因为行政层级的增加，地方权力的扩张而不堪重负、难以为继。所以，中国历史上的行政系统陷入一个周而复始的怪圈，这个怪圈体现了行政层级和行政幅度的矛盾，中央集权和地方分权之间周而复始的矛盾，这两个矛盾在当代的行政体制中还会持续存在，这是中国行政层级的特有规律，也是整体主义特征带来的必然弊端，我们甚至可以称其为"中国整体主义之行政怪圈"。

"中国人传统上把他们的过去解释成一连串的王朝循环，每一个王朝重复着一个令人厌倦而多次出现的故事：一个英雄开创一个权势极盛的时期，然后长期衰落，最后总崩溃……结果，中国文明的巨大发展就只不过隐藏在这种表面的人间诸事的循环运动中，中国以后的历史成了一系列或多或少成功的重复西汉故事的努力。"① 从费正清对中国历史的观察中可以看到他对中国治乱循环的感慨。纵观历史，中国每逢战乱时期，中央借助地方力量控制战争，但地方会借助在战争时期积累起来的力量不断膨胀，最后超出中央的控制范围。新中国成立以后大区制建立的背景与历史经验有相似之处。首先，都经过战争的洗礼，战争中的重要领导者都会在战争之后获得一定的地方权力；其次，战争之后，对地方适当的放权可以使经济恢复、行政管理收放自如；最后，在经济恢复、政治稳定之后，地方权力的扩张可能会威胁中央的权力。但和历史上不同的是，中央设立大区制的前提是中央集权，大区制是一个过渡，而且中央最后也控制住了地方势力膨胀的趋势。中央依据进军的路线和六大区域具有的较强个性，结合巩固政权面临的不同任务来划分大区，分而治理，加强针对性，集中利用优势和解决突出问题以强化对地方的控制，实现由战乱向安定的快速转变。② 因此，在设置大区制时，中央政府的目的是通过分权最终实现集权。形成这样的行政格局和中国的地理、人口、历史等因素有很大关系。幅员辽阔的领土、多民族的国家、众多的人口导致了中国在行政结构的设置上受制于这些因素并形成两大矛盾。第一个矛盾是管理层级和管理幅度之间的矛盾，第二个矛盾就是分权和放权之间的矛盾。

① 〔美〕费正清、赖肖尔：《中国：传统与变革》，陈仲丹等译，江苏人民出版社，1992，第73页。
② 华仁康：《建国初期大行政区的演变》，《沧桑》2011年第1期，第67~68页。

1. 注重领土、人口、地理等传统因素的影响

行政组织结构的中心问题包括组织规模、组织层级、组织幅度。组织规模是指组织涉及的社会、自然、人力等资源的广度与深度；组织层级是指组织设置的自上而下，从决策层到管理层再到执行层的数量总和；组织幅度是指组织涉及的职能范围的广度。"秦朝时人口约2000万，疆域面积约350万平方公里，置49郡，每郡约统20县；西汉末人口达到鼎盛约6000万，疆域面积610万平方公里，置郡103个，统1587个县，每郡约统15县；隋朝人口约4600万，隋末疆域面积约470万，在并省州县后置190郡、1255县，每郡约统六七县；唐开元年间疆域面积约930万平方公里，开元二十八年（公元740年）置郡府328个、县1573个，每郡约统5县。"① 在中国这个领土广阔的社会中，社会越进步，社会事务的增加必然会呈现爆发式增长态势，对行政组织的要求越来越高。如果要在中国的国情下实现有效的行政管理，客观上要求具有很大的行政管理的组织规模。

2. 处理好管理层级和管理幅度的矛盾

但是，组织规模大，必然导致两个结果：一个是对行政人员的数量有极高要求；二是在行政组织上增加行政层级或增加行政幅度。在行政人员数量匹配的前提下，有适当的层级和幅度才有利于中央政府对整个行政层级进行自上而下的控制和调节，如何在行政层级和行政幅度之间寻求平衡至关重要。

战争之后，多层级的组织结构不适合中国行政管理的实际情况。因此，秦汉两朝之初实行郡县两级制，唐初实行州县两级制，精简的层级有利于以一种短平快的方式建立起可以有效传递信息的行政组织并进行自上而下的政治控制，但这是在王朝建立之初，社会事务不多以及调配社会资源能力有限的情况下做出的选择，这时候的行政模式呈现少层级、窄幅度的特征。随着时间的推移，当一个王朝的社会、经济、人口、文化呈现蓬勃发展的态势时，行政组织完善的速度完全跟不上社会事务增加的速度，以前的行政管理幅度显得捉襟见肘，超出了行政管理幅度所能承受的限

---

① 宋学文：《中国地方行政层级体制的历史嬗变规律辨析》，《理论与改革》2015年第3期，第124页。

度之后，反过来又会加重决策层和管理层的负担。于是，西汉末年和唐中期，都选择以派出机构来解决这种矛盾。西汉末年，增设州以及行政机构，唐朝中期增设道一级行政机构。行政层级的增加似乎在短时间内使行政组织结构变得更加适应社会生活，但是层级过多又会导致机构臃肿、人员众多、职责不清等弊病，进而影响到政策的上传下达、民情的反应、信息的传递，行政效率随之降低。更要命的是，中央政府对地方的控制力在减弱，西汉州刺史的权力和安史之乱时期"道"权力的扩张都说明当行政组织的运转出现混乱甚至瘫痪的时候，社会必然跟着出现无政府状态。

新中国成立初期，中央实行大区制是因为在战后中央政府调动社会资源的能力很弱进而导致行政管理幅度无法跟上的情况下，不得不派出中央局、分局作为中央的派出机构，跨越"山头"对新解放的地区进行控制，并且在新中国地区经济发展不平衡的情况下，因地制宜发展地方经济，促进全国的统一。在实行大区制后一定时期，中央政府高瞻远瞩地意识到了行政管理层级过多可能会带来的"离心""独立"倾向，逐渐开始收回大区权力，将主要领导人调回中央，"高饶事件"不仅加速了这一进程而且再次证明了行政层级过多带来的中央—地方权力分配的失衡倾向。高岗在掌握东北大权后，"处处强调东北'特殊'，在政策执行上也强调'情况特殊'而自作主张，有的明显同中央政策不一致"，"挟洋自重"①。

3. 考虑中国的行政传统：中央集权国家

在中国这个领土广阔的社会中，社会越进步，社会事务的增加必然会呈现爆发式增长态势，对行政组织的要求越来越高。既然历史的经验告诉我们，中国的行政层级不宜过多，如何在行政层级和行政幅度之间寻求平衡就至关重要。也就是说，在有限的行政层级下，克服整体主义下行政组织的弊端，增加管理的幅度是解决中央和地方关系的关键。但是，改革的困难是中国复杂的国情——不仅要保持中央集权的政治统治，还要考虑中国广阔领土、人口、民族、地理、自然等因素。

---

① 杨尚昆：《回忆高饶事件》，《党的文献》2001 年第 1 期，第 14 ~ 22 页。

第四节　中国的巡视督察制度

巡视督察制度在我国有历史渊源，不是中国共产党的独创。历史上的巡视督察制度独立于立法部门和司法部门等机构，而且直接对皇帝负责，具有灵活性和机动性的特征，中国共产党的巡视督察制度也相当程度上继承了这一制度，因此，巡视督察制度反映了中国特有的历史文化和国情。我们不仅应当批判地认识和继承古代巡视督察制度的经验，更应当从整体主义的视角来探究这一制度的起源、发展及变化规律，剖析这一制度的特点及弊端，从而加深对中国巡视督察制度的认识，为中国共产党的巡视督察制度提供有益的借鉴经验。

一　古代巡视督察制度的发展历史

中国的巡视督察制度是中国行政管理体制的重要部分。在古代，巡视督察制度是指皇帝或者朝廷派遣官员，定期或者不定期地对地方官员进行监督，考查地方风俗教化等情况的制度。这种监察制度从秦汉时期形成，唐朝时期趋于稳定，是中国历史上皇帝对地方进行督察、控制的手段，同时也促进了地方政治的清明。现代意义上的巡视监察制度，从严格意义上讲是中国共产党的内部监督巡视制度，巡视督察制度是调整中央和地方关系的重要制度。

巡视地方、考察地方官员廉政情况的制度起源于中国 4000 多年前的黄帝时期。黄帝时期就有被称为"方伯"的官吏对分封的诸侯进行监督巡察，秦汉以来，逐渐以刺史来监督地方，魏晋南北朝时期形成了独立的监察机关。隋唐开始，我国的巡视督察制度进入了成熟阶段。"使"顾名思义，就是派遣的意思，作为一种官职来讲就是受派遣的人，"使"作为一种官职起源于汉代，但直到唐代，"使"才作为一种官职被广泛使用。唐代以后形成了中央向地方派遣官员来处理某一方面事务的惯例，是明清时期实行都督巡抚制度的历史参照。唐代官制在中国历史上的地位极其重要，影响了宋代、明代、清代的官职设置，其行政模式在后世多有因袭，玄宗时几乎无事不设"使"，从两国交战到瓜果种植都派使职前往，杜佑在《通典·

职官一·总序》中指出，唐"设官已经之，设使以纬之"。中唐以后的政治都是以使职为核心，甚至在开元、天宝年间出现"为使则重，为官则轻"的现象，自此以后"使职"成为正式官职以外的重要职务。① 历史上大多数官职都是以其职责范围和所承担的职能进行命名，但"使职"例外，所谓"使职"就是因需要产生，因事而设，直接听命于中央的皇帝，对外可以进行与外国结盟、下战书、签合约等事宜，对内可代表最高权威督促、查办专门事务。人员由皇帝亲自任免，一般由品德端正、秉公执法的人充任才能不辱使命，但又不一定是德高望重的人才能担任，反而由位卑权重的人出任才能以小制大，这一职务因为任免的灵活性，极受历代帝王青睐。明朝在全国划分了十三个督察区，分别设置一个监察御史，清朝设置十五个监察区，清代的监察制度基本上是沿袭明代。

　　因此可见，古代的巡视督察制度源于黄帝时期，在汉代初具规模，唐代达到鼎盛，明清时期稳定下来，世代相传基本延续至今。唐代巡视督察制度产生的原因有三。一是正式行政程序之外的"捷径"。唐朝以后的中央行政机构是三省六部、九寺五监，这一套制度有利于群策群力、集中智慧、防止决策失误、牵制宰相，使权力在横向分布上相互制约，并保持官员们相互监督和自身廉洁，但在程序上极为复杂，降低了行政效率，官员之间容易互相掣肘，为实际的行政操作带来诸多不便，也为皇帝的政治统治带来实际困难。"使职"一般直接对皇帝负责，而且任用简单，无须经过官员正式任命的那一套复杂的考核程序，有利于避开反复的常规行政程序，相当于皇帝在正规行政系统之外掌控全局和地方的一个捷径。二是满足社会事务的需要。由于中央和地方在一些职能部门的设置上不对称，中央户部的四司已经在唐中后期无力承担越来越多的社会事务，原先的职事官亦无法应对时代的需求，职事官制度的稳定性强但应变力不强，由中央派来处理相应事务的"使职"便应运而生。例如，中央在屯田方面有屯田郎中主管，在地方却无相应部门，手工业方面也无相应主管部门。又如户部的度支司按照具体的制度应该管理转运方面的事务，但是转运的工作范

---

① 杜佑：《通典·职官一·总序》，转引自宁志新《唐朝使职若干问题研究》，《历史研究》1999 年第 2 期，第 55 页。

围涉及南北，总量大，所以随后由转运使具体掌管转运事宜，这些都造成了中央的决策无法贯彻执行。唐肃宗、唐代宗、唐德宗时期逐渐形成并固定了管理手工业的盐使、管理财政的度支使、管理税收的两税使、管理行政的观察使来填补地方职能空白，同时在中央和地方之间架起一个桥梁，加强中央对地方的监管。① 三是行政集权的需要。唐以前中国的行政区划一直都是州（郡）县两级，这种行政区划跨度较大，在州数量较少时还能应对，但随着中国人口的增多，州的数量在唐中期出现了翻倍增长，中央常常疲于应对地方的大小事务，统治者担心失去地方的控制权，这种格局迫切需要改变。

贞观元年（公元 627 年），唐太宗将全国的州郡划分为十道，一直到中宗时期，中央向地方派遣名为风俗使、巡察使或按察使、巡抚使、黜陟使的临时"使职"，观察中央政策在地方的实施情况、督促地方风俗教化，考核地方官员政绩，代表中央慰问、体察百姓疾苦以及黜陟州县官吏。这里的十道并不是正式的行政区划，而是临时划分的地理范围，这些官员也并不是地方一级正式的行政长官。在唐玄宗以后，原有的十道增加为十五道，名义上由中央派出的人兼任行政长官，但是职权上多受限制，时间也不固定，大多是一年的正月、四月、八月、十二月出使，也没有固定的随员，看似杂乱无章的安排是为了限制使职的权力。直到安史之乱之后，道一级的行政长官才拥有除监察权之外的财政权、人事权、司法权、军事权，管领兵称节度使，管财赋称观察史，此时节度使、观察使在自己的辖区内发挥了中央与州府之间新一级行政机构的所有职能。

二　古代巡视督察制度的特点和流弊

以上所述是使职产生的背景，使职的大量产生与其自身的特点有很大关系，体现在三个方面。一是任命随机。使职的任命有很大随意性，虽然没有官阶，他们却非常灵活。他们本身可能就有官阶，只不过是"假以他官"并且由皇帝直接指派与任命，所以距离权力中心更近，能够以小监

---

① 薛明扬：《论唐代使职的功能与作用》，《复旦学报》（社会科学版）1990 年第 1 期，第 29～30 页。

大、以卑督尊。到了唐代中后期，使职拥有了更大的权力和荣耀，与类似的职事官相比更显尊贵。二是任期灵活。任期时间不像职事官四年一任，任期到了只能流转，使职的任期没有具体期限，有人甚至在自己的职位上做了一辈子，使职的任期想长便长，想短就短，长则三四年，短则几个月，全看皇帝的旨意与想法。三是任命举贤不避亲。使职的任命没有复杂严苛的行政程序，没有严格的职位要求，对资历、专业亦无限制，甚至没有像正规官僚一样的不能在故土任职、不能任用亲戚的限制，也就是说使官可以在本土本乡任职，而且还可以任用自己的亲属，做到真正的"举贤不避亲"。

　　使职的设置对中国行政体系的稳定和发展发挥了积极作用。中央设置职事官来从横向上构筑行政体系，设置使职官从纵向上贯通上下、中央和地方，职事官是"经"，使职官是"纬"，"经""纬"两条脉络奠定了帝国的行政格局。使职是中央和地方的维系者，他们的存在一方面使中央和地方的信息传递更有效率，也让中央有了更加便捷的方式来辖制地方。因此，在特殊的时期和条件下，使职的设立有利于整个行政系统的稳定运作，但长期来看，使职设立必然带来一些流弊。一是"使职"由临时转为固定造成职位固定化。使职是因事设立的，事情的处理需要较长的一段时间，而且即使在事情处理完毕之后，也未必会撤销这个职位，这就造成了使职的固定化，最后成为专门、独立的行政系统。最知名的要算节度使，从景云二年（公元711年）设置河西节度使，一直沿用到唐末五代和宋代，其他如史馆史臣、翰林学士、盐铁使等，也常设不废。[①] 临时的具有差遣性质的职位变成了固定的，并且掌握一定权力的职位以后，必然给原先的地方行政单位造成极大的困扰，影响地方原有行政职能的行使，在权力上对地方单位进行了侵占，这一套新的行政系统又没有完全取代原先的行政机构，地方单位的职能必然萎缩，两套班子、两套机构的结果是政治系统的混乱甚至瘫痪。二是官职数量膨胀导致财政支出增多。使职的存在虽然便利了中央对地方的控制，提高了中央对地方管理的行政效率，但是使职数量的增多导致官职的数量膨胀，在原先的行政系统并未撤销的情况下，围

---

　　① 赖瑞和：《唐代使职的定义》，《史林》2012年第2期，第46~50页。

绕新的使职的产生，相关职务也同时增加，官僚系统的膨胀带来了中央财政支出的迅速增加。三是当品德低下、能力欠缺的人拥有了极大的权力后会带来十分严重的后果，诸如安禄山之流与当时关内、京畿道的采访使串通一气，致使其势力膨胀，最后酿成了历史上的安史之乱。

三　中国共产党巡视督察制度对古代巡视督察制度的借鉴

唐代从初期到末期派出的使职有很多种，纵观所有的使职可分为两类：一类是弥补地方与中央在职能设置上的空白，派遣去贯彻、执行中央决策的使职；另一种则是作为统治中心的皇帝派可靠的大臣督察地方事务、行使监察权力的使职。对于前一种使职，可以通过后期加设地方职能部门进行弥补，行使监察职能的使职在中央和地方之间、决策部门和执行部门之间起到联结、调解作用，对政治秩序的建立和稳定有重要意义。中国当代的巡视督察制度借鉴了历史上的经验，保留了其灵活的特征，并且进行创新。古代的巡视督察制度没有固定的人员，没有固定的时间，根据需要临时设置，如宋朝规定巡视人员没有工作需要不得在地方逗留超过三日。中国共产党内部的巡视组也是如此，巡视人员有正式的编制但是巡视没有固定的时间和从属机构，任务和职责也是随时变化和更改的。这就有效减少了巡视督察人员在巡视期间的权力寻租和权力滥用机会，减少腐败分子提前进行预防、规避风险的机会。

中国共产党内部的巡视制度，可以追溯到 1925 年设立的"中央特派巡行的指导员"，1925 年 10 月召开的中央扩大执行委员会通过的《组织问题决案》提出："增加中央特派巡行的指导员，使事实上能对于区及地方实行指导全部工作。"① 巡视督察工作初步进入实施阶段，开始了中国共产党历史上的首次巡视督察工作。1927 年 11 月，中共中央的临时政治局扩大会议决定建立中央及省委以下的巡视制度，这是巡视督察制度进入常态化的标志，同时在 1928 年发表的《中央通告第七号——关于党的组织—创造无产阶级的党和其主要路线》中将巡视制度具体化，将

---

① 修卿善：《我国巡视监察制度的变迁及其模式创新研究》，博士学位论文，兰州大学管理学院，2011，第 41 页。

组织机构从中央延伸到地方的党组织中。① 1931 年 5 月中国共产党的六届四中全会后，具有标志性意义的《中央巡视条例》对巡视员的任职条件②、权限以及教育和纪律做了规定，《中央巡视条例》的颁布是中国共产党第一个关于巡视制度的规范性文件，在革命时期为革命的胜利提供了重要的基础。

党的十一届三中全会以后，我国在经济建设取得重大成就的同时，各地腐败问题也在不断滋生，除了正常的纪检监察和反腐败工作外，中央决定建立巡视制度③，通过设立巡视工作领导小组和办公室，精心配置巡视人员，取得了不少的巡视成果，发现了一大批违纪违法线索，震慑了腐败分子。"1996 年 3 月，中央纪委下发了《关于建立巡视制度的试行办法》，并将其作为加强党内监督的五项制度之一。2003 年 12 月，中共中央正式颁布《中国共产党党内监督条例（试行）》，把党内巡视制度作为党内监督的十项重要制度之一列入其中，并对党内巡视制度做了专门规定。2007 年十七大通过《党章（修正案）》第二章'党的组织制度'第十三条明确规定：'党的中央和省、自治区、直辖市委员会实行巡视制度。'2009 年 5 月，中共中央政治局审议通过了《中国共产党巡视工作条例》。"④《中国共产党巡视工作条例》"对巡视工作的指导思想、基本原则、机构设置、工作程序、人员管理、纪律与责任等做出了明确规定。这是完善巡视督察制度，强化上级监督的第一部重要法规。它的颁布实施，是对巡视工作实施发展和制度创新的总结，为开展巡视工作提供了有效的法规保障，表明巡视制度步入了规范化、制度化、科学化的轨道"⑤。

① 修卿善：《我国巡视监察制度的变迁及其模式创新研究》，博士学位论文，兰州大学管理学院，2011，第 42 页。
② 巡视员的任职条件为：三年以上党龄；能正确了解和传达党的路线；曾任地方党部负责人。
③ 1990 年 3 月，《中共中央关于加强党同人民群众的联系的决定》中强调建立党内的巡视制度："中央和各省、自治区、直辖市党委，可根据需要向各地、各部门派出巡视小组，授以必要的权力，对有关问题进行督促检查，直接向中央和省、区、市党委报告情况。"
④ 邹洪凯：《党内监督科学化研究》，博士学位论文，苏州大学马克思主义学院，2014，第 143 页。
⑤ 修卿善：《我国巡视监察制度的变迁及其模式创新研究》，博士学位论文，兰州大学管理学院，2011，第 46 页。

四　巡视督察制度的整体主义分析

1. 整体主义之下的"关系人假设"是巡视督察制度产生的文化根源

古代统治者为了实现对整个社会统治秩序的控制，提倡用家庭观念来统治国家，国家观念是家庭观念的放大，因此中国传统上是"家国同构"的组织形态，宗族血缘关系影响着政治和行政的安排，文化和观念上形成了一套至今影响中国人的行政文化：人伦之情、乡土之情、师生之情、上下级之情等。这些传统的道德使行政人员不依靠国家强制力而自愿扮演特定社会角色，人情伦理不仅存在于私人领域，还延伸到公共生活、政治生活领域，于是围绕着"关系"衍生出一张亲情、友情、恩情的巨大的关系网，传统的行政人员十分依赖这张"关系网"，甚至失去了自身独立性。例如，传统中国的科举考试是通向仕途的主要渠道，榜上提名之人和考官之间的关系极为密切，这种关系可以比作师徒关系，在中国的道德准则中，师傅是和天、地、主人以及父母一起最受尊重的五种人，这种关系在西方很有可能被看作公私不分的裙带关系，而在中国被看作正常的事情。[①]行政领域中"关系性"行政人在现代社会继续存在和发展，虽然能够带来一定的辅助社会管理的良性社会效应，加之是否构成贿赂和腐败的程度暂时难以界定，"关系人"实际上为行政领域带来了"拉关系""走后门"等不良风气。行政人员承担着维护公共利益、履行行政职责、提供公平的公共产品的责任，但是传统的"关系人"特征使公务人员混淆了公域和私域的界限，成为干扰行政人员秉公办事的重要因素。因此，在行政管理过程中应当正视行政人的"关系性"，这是中国特有的在传统整体主义文化影响下的行政人格特性，这种人格特性无法短时间内从中国的行政过程中完全剔除，既然如此，只有引入监督措施，才能有效地防止行政人员暗箱操作、徇私舞弊，巡视督察制度就是一种十分有效的外部制约机制。

2. 地理和历史因素是巡视督察制度形成的外部行政环境

地理和历史要素是巡视督察制度产生的行政环境，巡视督察制度的产生和发展并不是独立、封闭的过程，而是受到地理、历史等因素多方面、

---

① 〔美〕费正清编《中国的思想与制度》，郭小兵等译，世界知识出版社，2008，第 340 页。

长时间的影响。应当将历史上的巡视督察制度和当代巡视督察制度视为一个完整而独立的系统，这个系统具有相对封闭性，不断和行政环境发生着物质和能量交换。另外，古代的巡视督察制度并没有随着专制王朝的结束从历史上彻底消失，这恰恰说明了行政制度的演变也具有相对终结性，即一定时期内虽然由于历史环境的变化，有些行政制度失去存在的载体和运行的动力，但是经过一段时间后又重新出现，证明这种制度和周围的行政环境有着极其密切的关系，证明滋养这种制度的环境土壤还继续存在。这要求我们把巡视督察制度看作一个具有动态平衡和自我调节能力的循环性整体，只有承认这一原理，我们才有机会去借助外部的地理、历史等要素去认识巡视督察制度。影响巡视督察制度的因素有以下两点。①地理因素。中国是世界上领土广阔的大国，地域的辽阔孕育出适合其环境的行政组织形态与行政机制。前一节提到过，多层次的行政组织在中国是一个客观的发展趋势，只有权力下放才能覆盖辽阔的行政疆域，但这也导致了行政组织的发展进入一个力求精简却膨胀的现实矛盾中。在这种趋势下，一方面不能放弃精简行政组织的努力，另一方面要衍生出新的组织与机制来加强中央对地方的控制，行政巡视与督察组织便是其中之一。②历史因素。巡视督察制度在中国形成并发展成为独特的体系，在距今几千年以前的黄帝时期就开创了在固定时间巡视地方的制度，在汉代初具雏形，一直到明清时期成为历朝历代的重要制度。虽然进入现代之后，许多发达的资本主义国家都有过类似的机制和组织，但是其重在审查，而非巡视，中国的巡视督察制度对世界行政制度的贡献就是通过巡视来监督其他行政部门，而且其领导机构一般都来自中央。

第四章 行政行为的整体主义特征

这一章从组织行为学的微观视角审视中国行政模式的行为特征。中国的行政模式根植于中国的行政文化，其特点摆脱不了中国行政文化带来的烙印，行政文化如何作用于行政组织中的个人进而影响行政组织的运作是接下来两章将要研究的内容。行政人员是构成行政组织的重要主体，只有通过行政人员，行政组织的命令才得以传达，行政组织的目标才得以达成，通过对行政人员的研究可以透视中国行政文化对行政人员的影响程度。人们从呱呱坠地的婴儿到成年以后进入工作单位，形成一定的价值观、行为动机、态度以及行为方式，其中一部分受到工作环境的影响，还有很大一部分是来自家庭、社会文化以及教育对其行为的社会化。整体主义之下的行政人员通过多种方式习得行政文化，获得整体主义的价值观、态度与行为方式。几乎每一种情景都会有一种行为规则，行政领域也不例外，其中有成文的规则，也有不成文的"惯例"，正因为这些规则的存在，我们可以在行政过程中预测行政人员的行为以及行政取向。因此，对行政行为进行预测是可能的，前提是需要对行政行为进行系统和全面的研究，提供准确而合理的预测手段。

第一节 整体主义文化下行政行为的生成

行政模式与行政人员之间的关联必然不是空泛的，是由某种机制塑造行政人员的行为、价值观、动机等一系列微观的心理和行为，否则，行政模式只是流于表面的抽象制度，而与真正的政治和个人没有关系。在古代，关联行政组织和行政人员的重要机制是科举制度，科举制度承载的内容是整体主义文化。行政模式通过科举制将行政文化灌输给个人①，塑造个人的行为和价值观，个人反过来会影响着整个行政模式，W. 理查德·斯科特等人认为把行政模式和个人联结起来的是文化、规范和管制要素。② 管制要素的服从基础是经验，服从手段是强制；规范要素的服从机制是社会义务，服从手段是准则，而且其服从的合法性基础是道德；文化要素服从机制的基础是共同理解和共同认可。管制、规范、文化要素相互嵌套在一起。"文化—认知要素位于最深层次……文化认知要素包含一些无意识的信念和想当然的假设，是最为固执的。相反，……管制要素则位于表层，容易设计或更改，与规范要素和文化要素相比，也更加肤浅。"③ 因此在三种要素之中，文化要素联结是最为牢固和可靠的，文化要素通过组织成员对行动的不断重复，对相似行为赋予相同意义来发挥作用，科举制是整体主义文化社会化和整体主义文化制度化的重要机制，是将行政模式和个人关联起来的关键环节，关于文化—认知要素对组织的影响，很多新制度主义学者都普遍认可，中国的科举制也印证了这一观点。行政文化处于行政模式的最深层部分，是解释行政模式其他组成部分的基础和前提，另外行政模式以人的活动为核心，人的活动是整个制度最为外显的形式，行政模式深层次的文化内容和表层的行为特征在什么机制下、怎样的过程中达成一致十分重要。这一过程包含以下几个方面。①整体主义文化的政治化过程。即行政人员在进入行政组织以前，社会组织和政治组织都会将组织自身的价值观、权威观、秩序观通过学校、家庭、村落等环境传递给社会成员，实现社会成员的政治社会化。②整体主义文化的制度化过程。文化是一种抽象甚至具有象征意义的东西，它通过一定的制度得以传递与延续，同时行政人员通过制度中的考试、培训、惩戒、奖励等机制将整体主义文化内化为

---

① 使用"个人"一词，而非"行政人员"一词，是因为"个人"既包含行政人员也包含了普通民众，还体现了行政人员进入行政组织前的状态。

② 〔美〕W. 理查德·斯科特、杰拉尔德·F. 戴维斯：《组织理论：理性、自然与开放系统的视角》，高俊山译，中国人民大学出版社，2011，第243页。

③ 〔美〕W. 理查德·斯科特、杰拉尔德·F. 戴维斯：《组织理论：理性、自然与开放系统的视角》，高俊山译，中国人民大学出版社，2011，第245页。

自身的态度、价值观和人格特性。③整体主义文化行为化。行为化是指行政人员在整体主义文化影响下形成的行政人格外化为行政行为的过程，并且在具体的行政实践中坚持整体主义文化或者改造整体主义文化。

一 行政行为生成过程的主体、内容和客体

行政行为的生成有其主体、客体、内容。主体是行政组织，客体是行政人员，内容为整体主义文化。

1. 行政行为生成过程的客体——行政人员

行政行为生成的客体是行政人员。行政人员不是在进入行政组织之后才开始接受整体主义文化的，而是在进入组织之前就受到整体主义文化潜移默化的影响，甚至是主动地学习其精髓和价值。这是由于社会成员在接受了整体主义文化的熏陶后，产生进入行政组织的动机和需求，通过组织对成员的进一步社会化，行政人员确立了在组织中的目标、态度、价值、角色以及对组织文化产生认同，并且维持共识，支持组织的存续。

2. 行政行为生成的主体——行政组织

行政行为生成的主体是行政组织。对于中国传统的官僚制来讲，保持行政组织的稳定、延续以及维护组织权威的途径就是将自身承载的组织文化传递给行政人员以及更普遍的社会成员。中国古代的国家建立在以皇权为中心的官僚体制之上，围绕着权力集中和权力监督，形成了一系列重要的机制来维护、巩固皇权，其中选拔和控制官僚成为皇帝统治的中心问题。科举制度成为宣传儒家正统文化、宣传官方意识形态的重要制度，"这套皇家取士的制度产生出历代的行政官员，他们彻底服膺于官场的正统思想来确立他们居官任职的资格"[1]。所以历代统治者注重运用包括政治、道德、宗教等教化手段，将自身的统治思想传达给社会成员，并且以此为标准选拔适合组织的官员，进而从思想上增强统治的稳定，延续组织的生命。

3. 行政行为生成的内容——整体主义文化

传统的整体主义文化是传统行政行为生成的内容。总的来说，整体主

---

[1] 〔美〕费正清：《美国与中国》，张理京译，世界知识出版社，2014，第6页。

义文化是古代官僚制存在和统治的根基。如果从行政组织和行政文化的角度上来考察儒家文化，不难发现，儒家文化中的"等级秩序"思想为传统的官僚制奠定了组织基础，将家庭中的伦理秩序扩大到一国的范围内，其目的就是以家庭中的伦理规范去制约社会关系，君主成为这个国家最大的家长，这样，国家和君主的政治统治范围扩大到每个人、社会的每个角落。除了"等级秩序"的思想，儒家思想中的"崇古抑新"和"内圣外王"的思想也成为中国传统官僚在行政实践中秉持的价值观，并且在此基础上，影响了中国官僚行政行为的生成和发展。

阿尔蒙德认为，政治"社会化的一个重要方面即对政治体系中各种角色的态度的形成。对公民来说，这可能包括对他自己作为选民、权威人物的接触者、示威者，或作为纳税人、守法者等的态度的形成……社会化意味着懂得各种期待的组合，懂得他人对自己这一角色所期望的经常和合适的行为模式"[1]。行政行为的生成过程是行政人员在社会中理解并懂得其他社会成员对自身的角色所承担的任务和责任的期望，以及在行政实践中应该表现出来的态度和行为取向。因此，从行政文化社会化的角度讲，行政人格的生成是行政文化向行政人员传播、灌输组织文化的价值观和行为方式的过程，也是行政人员接受、消化行政文化，内化为自身人格之一部分的过程，在形成基本人格的基础上，进而表现不同的态度、动机。

二　整体主义文化的政治化过程

整体主义文化的政治化是指整体文化中的观念和思维方式通过政治化的途径使社会成员建立起对权威的服从、对秩序的认可，并且深信不疑、毫不动摇，其中一些社会成员产生进入行政系统的动机，做出相应的努力，提升相应的能力，最后进入官僚系统的过程。政治化过程是行政行为生成的起点。政治化是行政组织将现有权威赖以存在的价值观传递给普通的社会成员，并且使他们形成一种观念，即现有的权威和权力存在的基础、现有的等级制度以及相关的价值观是合理的。这种价值观和认同的形

---

① 〔美〕加里布埃尔·阿尔蒙德、小 G. 宾厄姆·鲍威尔：《比较政治学——体系、过程和政策》，曹沛霖等译，东方出版社，2010，第 87 页。

成从社会成员幼年时期就开始培养并且贯穿其一生。传授这种价值观和认同感的途径包括家庭、学校、村落、社会等，其中家庭起主导作用。社会成员在以后的社会生活和社会职业中，几乎不会对这种价值观和认同产生动摇和怀疑，如果普通的社会成员选择了进入官僚系统，这种价值观和认同甚至还会因为社会角色的改变得到加强。"政治化"良好的孩子不仅在家庭中服从家长的权威，还会服从现有的政治权威，中国传统的"家国一体化"使两种权威紧密而自然地联结在一起。政治化过程包括对统治权威的认同、对等级秩序的认同、对个人和政府关系的认识三个方面。

　　1. 对统治权威的认同

　　权力的合法性来源是得到本集体中所有人或大多数人的认可和承认，否则它只是一种力量，而非一种权力。"有时人们称之为合法性'基础'的传统、特殊威信、法规，不过是一些合理性和辩解性的东西。权力合法性的唯一基础和来源是它符合本集体的价值和标准系统所规定的合法性设想，而且本集体内部一致同意这种设想。"① 所谓权威就是对他人施加影响力，拥有政治权威比没有政治权威更加容易得到别人的服从，在中国传统的整体主义观念影响下，对统治权威的认同受到道德、身份、血缘关系等因素的影响。自董仲舒对儒学进行改造之后，皇帝的权力由上天授予已经成为社会成员的普遍价值观，不仅如此，最高统治者肩负着维护社会和国家道义的责任，这使最高权力蒙上了一层绝对化和神秘化的色彩，只要天子顺应天时、广行善事、坚守道义，就能做好上天和社会的沟通者，促进人和自然界的协调。"拥有绝对权力的传统君主，或民主制度的执政官，他们的臣民都要透过王冠或合法条例分辨他们有无个人影响。"② 有影响的个人或行政领导更容易让别人服从于自己的命令和行政指令，个人或行政领导者的影响力就是权威。卢西恩·派伊认为在中国的传统文化中，存在思想观念相互冲突的两极，体现在"正统的儒教和非正统的道教、佛教以

---

① 〔法〕莫里斯·迪韦尔热：《政治社会学——政治学要素》，杨祖功等译，东方出版社，2007，第 104 页。

② 〔法〕莫里斯·迪韦尔热：《政治社会学——政治学要素》，杨祖功等译，东方出版社，2007，第 110 页。

及具有地方色彩的各种信念中"①。但无论是儒家还是道家都认同皇帝或者最高统治者拥有的权力是至高无上的、神秘的。儒家思想认为统治者的道德是决定政治合法性的前提，而且这种合法性也是上天授予的，儒士也承担着保持政府道德性、维护政府道义的重任。儒家思想"强调君王必须有道的理论基础，因为儒家认为君王是介于人类和自然力之间的。他是天子，是位于天下和人民之上的。只要他顺应天时，广行善事，他就能维持人与自然间的普遍协调"②。对于道家而言，统治的合法性同样有赖于统治者的素质，"统治者必须具有与道神秘地结合为一的卡理斯玛，进而通过统治者性格上卡里斯玛的效用，神秘的救赎就可以作为神之赐物般地普及于所有臣民"③。因此，传统思想中对权威的认识是建立在一种被"天"肯定和赋予的权力的基础上的，不管是道家的神秘型权力还是儒家的道德型权力，都将统治者的权威推向最大化。

2. 对等级秩序的认同

传统的整体主义观念认可社会中存在等级以及因此带来的利益、地位的差别，儒家的"社会分工"理论从不同角度来论证等级秩序的合理性，前面已经论证过中国传统的社会是一个血缘关系、地缘关系和尊卑关系决定的社会结构，血缘关系和地缘关系形成了以自己为中心铺开的一张人际关系网、师生关系网、上下级关系网、乡党关系网，以尊卑关系展开的一个最上面是统治者，由上至下的金字塔式等级秩序。这一秩序具有超稳定性，并且受到社会成员的认可，古代社会的统治者虽然在变换，但是社会成员所拥有的价值观和对权威与秩序的认识已经成为社会成员的共识，为所有成员设定了一个都能接受的角色和行为模式的标准，一般来说，不会有人抛弃这一价值观。"只有经过一个文化适应过程才能确立并维持共识，这过程的目标是让本集体所有成员都接受和消化标准、方法、价值和角色。照卡尔迪内的说法，这样，每个成员就可以获得一种由这种文化所确

---

① 转引自王景伦《毛泽东的理想主义和邓小平的现实主义——美国学者论中国》，时事出版社，1996，第90页。

② 〔美〕费正清：《美国与中国》，张理京译，世界知识出版社，2014，第58页。

③ 〔美〕马克斯·韦伯：《中国的宗教：儒教和道教》，康乐等译，广西师范大学出版社，2010，第252页。

定下来的'基本人格'，这种基本人格构成人格特性的基础，而个人特性本身又为基本人格增添一些成分，或在文化体系所承认的偏离和改变的范围内摒弃基本人格的某些成分。"①

3. 对个人和政府关系的认识

对政府的认识建立在对政治权威认识的基础上。在古代社会，政府在社会生活中的地位是支配性的。教化、经济、社会建设、水利等社会生活的方方面面都成为政府的主要职责，而且只要政府在道德上代表了社会各个阶层的利益，政府权力和个人生活的边界就可以视而不见，政府职能实施的好坏也就无足重轻。道德上的正当性肯定了政府在执政道义上的正当性，于是政府倾向于成为一种从物质到精神影响个人生活的主导型政府，政治上的合法性和正当性成为经济、社会、道德、法律的保证和条件。这样就形成一种恶性循环，政府的主导带来行政客体在行政生活中的被动，行政生活中的被动又促进了政府权力的延伸和强化。行政生活和行政系统只局限于官僚阶层和政府结构中，行政的空间被压缩至小范围和小空间，普通的民众被排斥在外，政治和行政与自己无关，公共生活和自己无关。由于秉持着的意识形态和官阶品级的一致性，圈子里面的官员拒斥任何和自己利益有关的变革，圈子以外的民众也失去和行政系统交流的机会以及提出自身诉求的可能性。

三　科举制度和整体主义文化的制度化过程

整体主义文化中的价值、标准、角色是不能遗传的，都是通过后天的家庭、社会、团体、组织潜移默化地存在于社会成员的个人意识甚至身体形态（声音、手势等）中，而传递的途径不外乎语言、文字、文物、传说，传递的场所不外乎家庭、学校以及社团。"神话传说采用想象和象征的方式来承启转述一整套文化因素，这似乎是一种保存和传递文化整体的记忆方法，但同时也是一种神秘思想的反映。在神话传说中，可见物是神秘莫测的符号，世俗语言与圣人训诫混杂在一起。无论如何，神话传说是

---

① 〔法〕莫里斯·迪韦尔热：《政治社会学——政治学要素》，杨祖功等译，东方出版社，2007，第75页。

使口头文化系统化的一个首要要素，而书面文化系统化可以采取更合理的意识形态方式。"① 《春秋繁露·基义》中说："天之亲阳而疏阴，任德而不任刑也。是故仁义制度之数，尽取之天。"是说人和自然界都是按照"天"的规律运作，道家也多用神秘的"道"来解释世界，因此，中国传统上在文学中以及艺术中偏爱具有类比性和神秘性质的文学作品和艺术品，这是由整体主义的思维方式决定的，中国的很多文学作品都用神秘化和神话传说表达政治权威来源的合法性。此外，家庭传授基本的道德、伦理、秩序观念和礼仪标准，家庭是儿童和社会产生关系的第一条途径，家庭社会化好的孩子一般可以顺利地被社会接受，整体主义之下的孩子不仅服从家长而且服从政治权威。整体主义文化的传递还有一条更重要的途径，就是科举制度。

科举制度是中国历史上一项伟大的创举，它的重要意义不仅在于开创了世界文官选拔制度的先例，更是一种将行政人员和行政组织紧密结合在一起的重要制度。人们对科举制的创立时间看法各不相同。黄留珠认为科举制产生于隋，确立于唐，即以隋文帝时期废除了九品中正制，收回地方辟举权的时期为标志；阎步克认为"一切以程文为去留"，即王朝设科而士，人自由投考是科举制形成的标志，虽然隋朝有策试，但不是自由报名，因此科举制始于唐朝；金净也认为除了自由报考和以考试为定两个特点外，考试定期举行，不必等皇帝诏令是第三个特点；何怀宏认为"自由投考"和"一切以考试成绩为定"是科举制最为重要的两个标志，所以他认为从史料和两个特点出发，唐代作为科举制起点比较合理。② 本书认为唐代是科举制的起点，在唐代以前，中国最重要的人才选拔方式是汉代的举孝廉和九品中正制。唐代以后，科举制度的出现取代了汉代的考试和推举相结合的选拔方式，完全采用考试的方式为官僚队伍选拔人才。根据《新唐志》记载，唐代科举制度的科目有明经、进士科、武举、童子科、医举、道举，其中明经和进士科最为重要，而进士科在隋初就已设立。明

---

① 〔法〕莫里斯·迪韦尔热：《政治社会学——政治学要素》，杨祖功等译，东方出版社，2007，第77页。

② 何怀宏：《选举社会及其终结——秦汉至晚清历史的一种社会学解释》，三联书店，1998，第97页。

经考试的基本方式是：第一场"贴经"，将经文略去几字，让考生填补，这种考试也有口试形式，即"墨义"；第二场问询经文大意，即"论"；第三场"询问政策"，即询问对时事政治的大致见解。明经重贴经、墨义，进士重诗词歌赋。中进士在当时不是容易的事，但是一旦考上一般会受到朝廷重用，很多朝廷宰相都是进士出身。唐朝科举及第只是取得做官的资格，并不立即授官，只有再经过吏部的考察，才能授职任事，这对保证文官的素质具有一定作用。①

宋朝以后，诗词歌赋、"贴经"、"墨义"的考试被取消了，在"策"和"论"原有的基础上加上了"经义"的考试，内容是取儒家经典中的一句或几句话进行分析，阐述其中的道理和意义，考查学生对儒家经典的解释和理解，注重考查学生是否有儒家学者"齐家、治国、平天下"的胸襟。这时的考试虽然比唐代考诗词歌赋务实了一些，有助于改善浮躁的治学气氛，但总体来讲束缚了中国读书人的思想，将其思想禁锢于前人定下的藩篱中，更别提任何创新与创造了。到了明朝，这种风气越来越重，学生们仅仅把读书变成当官入仕的手段，逐渐忽略圣人们所讲的真谛，仅仅是为了读书而读书，文章也只是模仿其语气，模仿其语言，在一些语言措辞上下表面功夫，久而久之，变成一种格式基本固定的"八股文"。唐代的科举制度与汉代的选拔制度有很大不同。汉代的察举制是由地方长官选拔出优秀人才然后输送到中央，虽然后来也加入了考试制度，但是重视所选人才的德行和行为事迹，最后中央将这些人才平均输送到地方，即所谓的举孝廉。唐代一改这种作风，将诗词歌赋的考试放在首位，个人自由报名，完全靠个人的才学竞争录用，这就使官僚组织向大众开放，每个人都拥有凭个人能力进入官僚系统的机会。② 唐代科举制度的重要影响就是这种开放性，每个人进入官僚组织的机会都是均等的。虽然科举制度将人才都聚集在中央，增加了中央的凝聚力，但这种均等化和重诗词歌赋的特征也带来了一些流弊，即科举制度成为一种选拔制度，而不是培养人才的制度。③

---

① 张晋藩：《中国古代文官制度综论》，《中国社会科学》1989 年第 2 期，第 195～208 页。
② 严耕望：《中国政治制度史纲》，上海古籍出版社，2013，第 170～174 页。
③ 钱穆：《国史新论》，三联书店，2006，第 250 页。

首先，这项制度的直接影响就是门阀制度的衰落。长期栖居于寺庙的穷苦子弟也可通过考试一跃成为朝中大员。其次，平民子弟没有一定的实践经验，直接从政后，行政业务不熟练常受人诟病。最后，官员通过考试直接产生，没有经过基层的锻炼与磨炼，即不必经过"胥吏"这一途径而直接成为官员。这种没有行政经验的行政官员渐渐与实际脱节，实际的政治逐渐由基层的"胥吏"掌握，政治变成了一种"胥吏政治"和"科员政治"。

从科举考试所考的内容来看，儒家经典通常是重要的组成部分。在唐代的科举考试中儒家经典所占比重不多，更多的是诗词歌赋。一直到明代，"八股文"才彻底将官僚驯服成为官僚系统的服从者，将官僚内化到官僚系统中，使其成为行政系统稳定、服从、内忍的效忠者。根据前文所述，儒家思想中的道德规范、等级秩序、被动服从等观念是整体主义思想的核心内容，而儒家思想从汉代成为官方的统治哲学以后，还未有一种制度像科举制度这样将整体主义思想彻底内化为行政人员的一部分。整体主义文化的制度化可以解释为以下两个过程。

1. 科举制促使整体主义文化逐渐成为盛行于官僚组织的行政文化

整体主义行政文化从汉代时期兴起，并且受到统治者重视，在此后的中国历史上经久不衰。但是选拔官吏的权力还是控制在士族门阀手中，这就使得整体主义行政文化只是流行于一小部分社会阶层中，没有向平民阶层推广，行政人员的来源是有限的，所以整体主义行政文化的传播也是有限的。科举制是掌权者推行自身所推崇的行政文化的手段，虽然儒家经学思想在封建统治者那里已经不是什么新鲜事物，但是一直没有有效的手段将这种思想传播到更广泛的阶层中去。虽然社会中也有一些学校来教授这些课程，但科举制的出现才大大刺激了整体主义文化作为一种主流行政文化向社会更大范围的传播。科举制度的产生改变了机会只掌握在少数人手中的状况，只要是有能力的读书人都可以成为国家之栋梁。整体主义行政文化通过科举制度成功地普及到社会各个阶层，无论是名门中的达官贵族，还是居于陋巷的贫穷子弟都接受同样一套文化熏陶，在科举考试面前接受的标准也是一样的。虽然唐代科举重视诗词歌赋，这时候的整体主义行政文化并不是完全普及，但其已经成为中国行政系统中的主导行政文化。

2. 整体主义文化通过行政组织制度化

到了明代，"明经"考试已经成为考试的主要内容，同时考试的形式已经超越了内容，这代表着这一时期整体主义行政文化已经完成了对行政组织在内容上的内化，即整体主义文化中一些重要行为动机和价值观已经深深根植于行政组织当中，并成为一种文化符号或者文化意象而存在。这时候的整体主义文化从内容上已经极少需要经过考试或者口口相传这种形式来传播，而是已经物化或制度化为组织的一部分，这也解释了为什么明代如此重视文章的形式而非内容。所以通过科举制，整体主义行政文化完成了从一种传统文化或者流行于少部分人中间的行政文化向社会中大多数人推广的过程。也就是说通过科举制，行政组织浸染了整体主义行政文化的价值观并且外化为一定的表现形式。行政文化作为一种抽象的符号、象征被逐渐赋予到它所依附的组织，给予组织一定的制度活力，被赋予符号和象征意义的组织将以一种缓慢的方式影响、改变甚至决定身处其中的行政人员。儒家学说中的"等级秩序"、"内圣外王"以及"崇古抑新"等作为行政文化内涵的思想很大程度上通过科举制度传达给行政人员并且内化为其行政人格。儒家思想对以"礼"为代表的"等级秩序"极其重视，这种秩序的符号很大程度上体现为行政官员对层级的重视，甚至转化为对权力的崇拜。"内圣外王"的行政理想体现在录取行政人员的标准上为重视道德、轻视技术、重视经典、轻视能力。钱穆先生就认为"西方考试只重专家……中国传统考试着重在通识，不在专长"。"崇古抑新"的思想凝聚在行政人员身上体现为重视权威、重视传统，反对创新和变革。当行政人员的行政角色在行政体系中得到确认，他会认为自身的角色受到社会规范的严格规定，而应该按照社会和组织的期望完成自己的角色，发挥自己的作用，进而从属于自己的社会网络，避免和组织、传统的冲突，这样就抑制了行政人员的创新思维。

科举制度的盛行开辟了普通人进入行政系统的路径，于是官学和私学都逐渐以针对科举考试的"儒家学说"为教育的主要内容。这样，从教育制度到考试录用制度，都在持续地将儒家学说中的因素灌输给行政人员，使行政人员接受儒家文化，将其转化为自身的态度和行为，并且将这种文化因素纳入自身的观念体系之中，成为原有的观念和行为模式的一部分，进而进入下一个阶段，即表现出稳定的态度、行为、价值观的阶段。

四 整体主义思想的行为化——整体主义文化的外化

中国传统文化中的传记，充满了关于一身正气的儒士和腐败堕落的官僚之间的两极矛盾。既有写下"先天下之忧而忧，后天下之乐而乐"的范仲淹这样的理想主义儒士，也有不胜枚举的贪官污吏。他们都经历了严苛的科举考试，接受过儒家文化的熏陶。因此，中国历史上的政治人物表现出复杂性和多元性，这种复杂性源于整体主义思想行为化过程中对儒家文化是坚持、放弃，还是改造，具体是哪一种取向，可以在行政和行政组织的反馈与互动中一窥全貌。

所谓整体主义思想行为化是指行政人员在整体主义文化影响下形成行政行为的过程，并且在具体的行政实践中坚持整体主义文化或者改造整体主义文化，在此基础上，将经过自身思维改造过的整体主义文化反馈给行政组织，和行政组织进行互动，这种反馈和互动包括两个向度的影响：一方面是正向的强化，另一方面是反向的创新。严格地说，"'反馈'这个概念仅适用于信息……对信息的这种反作用，导致力图调节系统行为的修正措施，这些修正措施的作用在于刺激他人以使其一致行动"[1]。正是根据行政人员反馈的信息以及人员和组织之间的交流，决策主体才能根据信息调节决策的方向，使行政人员的行为趋于一致。

例如中国历史上出现的改革派，他们秉持着正统的"以天下为己任"的儒家理想，他们的出身可能卑微，但常常为了天下的社稷向皇帝谏言，将个人性命置之度外，"在各个时期如果没有这样一批优秀的理想主义者，中国的官僚制度非但不会保持相当高的统治管理水平，而且根本行不通"[2]。但矛盾的是，这些充满理想的知识分子在改革中通通失败了，这体现出官僚对行政组织的两个向度的反馈。

一方面，包括改革者、居中者和反对者在内的全部官僚都会捍卫行政

---

① 〔美〕戴维·伊斯顿：《政治生活的系统分析》，王浦劬等译，人民出版社，2012，第346页。

② 〔美〕费正清编《中国的思想与制度》，郭晓兵等译，世界知识出版社，2008，第87页。

秩序中的"等级伦理"。一个是因为他们都是官僚系统和官僚层级中的实际利益获得者，另外他们也都依附于包括皇权在内的权力体系，除了少数立场坚定的改革派，他们害怕因为改革失去由自身的等级地位带来的利益，金字塔最高处的皇帝更害怕因为改革而影响自身的权力。因此，官僚机构中的大多数人都在强化着儒家思想中的"等级秩序"这一因素。这是官僚对儒家文化的"正向强化"行为。

另一方面，儒家文化中"内圣外王"的特征让一部分儒士为了实现自身的政治理想，试图改造官僚机构，将更多有抱负的儒士吸纳到官僚机构中，甚至不惜以性命之忧向皇帝劝谏，这是古代官僚最常用的政治手段。于是，少数改革者也在试图创新，但这种以"改变"为取向的"正向创新"激发了包括皇帝在内的更多官僚的不安全感。作为皇帝来说，改革派的政治理想常常被误认为是威胁自身的皇权；对于大多数官僚来说，由于受到"崇古抑新"思想的制约，改变带来的更多是变数和不可控因素，改变带来的坏处大于改变带来的好处，甚至可能侵犯自身的利益。于是，在复杂的权力运作下，改革者往往以好的形势开头，以失败的形式结束。但这并不代表改革派对行政组织的反馈失效了，或者说没有对行政组织产生丝毫影响。以宋初的改革为例，"无论是挫折还是迫害都没有扼杀掉在宋初就已经形成的知识分子阶层的政治意识和'以天下为己任'的政治觉悟。清朝对古文和历史的重新重视又产生了一批像黄宗羲这样的新政治思想家，宋初的改革家对他们影响极深，他们对宋初的那些改革家也极为尊崇"①。

五　结论

整体主义行政文化下行政行为的生成是多种因素共同作用的结果。制度、文化、经济、地理、自然构成一个复杂的系统影响、作用于行政行为。如果只分析整体主义文化和行政行为之间的共生关系，我们发现行政行为的生成有其主体、客体、内容，主体是行政组织，客体是行政人员，内容是整体主义文化。因此，行政行为生成的过程就是整体主义文化通过

① 〔美〕费正清编《中国的思想与制度》，郭晓兵等译，世界知识出版社，2008，第90页。

一定的媒介影响行政人员的价值观、态度、思考方式和行为模式的过程，进而使行政人员在行政过程中体现出连贯的、稳定的行为状态。这一过程分为三个阶段，如图4-1所示。

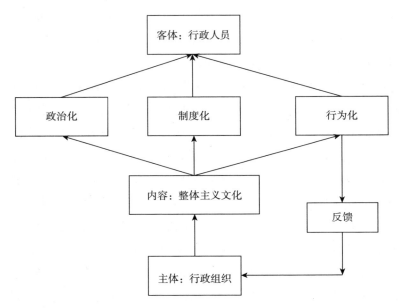

图4-1　整体主义文化下行政行为的生成过程

第一个阶段是政治化阶段，即行政人员行为的生成伴随着其社会化过程，从幼年开始形成并且一直稳定地持续到成人。在这一阶段中，整体主义文化通过影响普通社会人对统治权威和等级秩序的认同及对个人和政府关系的认识来培养其对儒家文化的认同。第二个阶段是制度化阶段。由于科举制度以儒家文化为主要考试内容，而教育制度又以科举制度为导向，因此，这一过程是以围绕科举制度为主的各种制度强化行政人员对儒家文化的认识，并且将整体主义的文化因素内化为自身人格的一部分。第三个阶段是行为化阶段，即整体主义文化在不同官僚身上折射出不同类型的价值观、动机、人格，是整体主义文化的外化过程。拥有不同行政人格的行政人员会将通过自身对儒家文化的吸收和改造决定对行政组织的"反馈"方向，包括两个方向：一是正向的"强化"；二是反向的"创新"。无论哪一种都会对行政织产生微妙而持续的影响，改变行政领导的决策方向，持续下去甚至会引发行政组织巨大的动荡。

第二节　行政人员价值观上的整体主义特征

如果从主体和客体的关系上来定义，价值观是客体满足主体的需要；还有学者从既定的角度定义价值观，认为价值观是一种基于人的意识形成的判断，人们对它有欲求就是好的，对它厌恶就是坏的。因此，价值观是对客观事物进行判断的过程，它包含一个人认为这件事是对还是错，某种行为比另外一种行为是否更加可取的判断。价值观客观存在并且影响人的行为，决定并且左右人们的思想观念。只要是生物人，从生下来起，情感、认知、感知因素就围绕着对存在和活动意义的理解展开。价值观是行政人员在行政过程中体现的态度和动机的基础。每个人在加入一个组织前就已经形成了对事物进行判断的行为模式，即应该的还是不应该的，正确的还是错误的，好的还是坏的，可取的还是不可取的认知和判断。可以这么说，行政人员的价值观并不是个人自主选择的结果，而是在生活过程中被经历和环境塑造的，这部分是从父母以及亲朋好友那里习得的，决定和影响了行政人员的行政行为的偏好和选择。价值观是行政人员思想观念中相对稳定的一部分，并非瞬息万变，这源自价值观的习得方式。我们从小被告知某种行为是好的或是不好的，因此价值观的学习方式是黑白分明的、是非分明的，没有中间的状态。① 由此可见，价值观的内容塑造基本取决于行政人员的自身修养、行政系统倡导、教育和更广阔意义上的社会背景提供的价值认知与判断。当代对公共行政人员特别是对党员干部自身修养的要求体现着历史文化精神的延续，行政人员价值观的一些内容是古今相通的，我们要把好的部分发扬光大，不合时宜的部分及时避免，取其精华，弃其糟粕。中国行政模式下行政人员的价值观基本包含了以下积极内容：执政者为民爱民，清正廉洁，在原则问题和大是大非问题上舍生取义的勇气。这三点无论古今，都是支撑行政人员的强大精神力量，也是行政人员的行为伦理。

---

① 〔美〕斯蒂芬·P. 罗宾斯、蒂莫西·贾奇：《组织行为学》，李原等译，中国人民大学出版社，2008，第103页。

一　执政为民

在传统的行政模式下，行政文化糅合了诸多学派的思想，最高统治者对法家的权、术、势的驭臣之术能否得心应手地使用很大程度上决定着皇权是否稳固。在行政系统中，行政人员特别是官员基本上出自受儒家思想熏陶的读书人，也就是士。为官为民的思想成了为官者的思想准则。一些雄才伟略的君主，特别是有底层生活经历的开国君主有深厚的爱民情结，都主张爱民。从历史上看，爱民和民本的思想紧密相关，前者是后者的一种外化。民本思想从晚周开始逐渐盛行，老子认为统治者应当顺应民心，"圣人常无心，以百姓心为心"①，谴责"以百姓为刍狗"的做法。"孔子提出'节用而爱人，使民以时'（《论语·学而》），并有'修己安人''修己以安百姓'的主张；他所倡导的德政，以'裕民'为前提，希望统治者'因民之利而利之'（《论语·尧曰》）。此后，孟子对民本思想做了系统发挥。他说：'民为贵，社稷次之，君为轻。是故得乎丘民而为天子，得乎天子为诸侯，得乎诸侯为大夫。'（《孟子·尽心下》）在这里提出了'民为国本'和'政得其民'的思想。稍晚的荀子也有类似思想，他说：'君者舟也，庶人者水也。水则载舟，水则覆舟。'（《荀子·王制》）关于君民关系的这一形象比喻，给历代统治者以深刻印象。"②

民本思想对于统治阶级和官僚阶层非常重要，特别是统治者认识到得民心者得天下，如果失去了人民的支持那么政权的根基就会动摇。因此爱民一直是古代行政价值的重要内容，凡是历史上比较繁荣稳定的时期，基本上从君主到官吏都比较重视百姓，一旦横征暴敛，视民众如草芥，则"损百姓以奉其身，犹割股以啖腹，腹饱而身毙"③。古代的民本思想有着深刻的历史根源，它与古代社会重视农业的思想互为表里，农业和农业社会的发展依靠农业劳动力，"农民安居乐业，农业生产才能稳定有序，朝廷的赋役才能源源供给，'天下太平，朝野康宁'的'盛世'便有了保障。

---

① 陈鼓应译注《老子今注今译》，商务印书馆，2015，第 253 页。
② 张岱年、方克立：《中国文化概论》，北京师范大学出版社，2015，第 277 页。
③ （唐）吴兢：《贞观政要》，骈宇骞译注，中华书局，2011，第 1 页。

反之，如果以农民为主体的广大庶众失去了起码的生存条件，出现'民不聊生''民怨沸腾'的状况，'民溃''民变'就会层出不穷，'国削君亡'就难以避免"①。爱民的价值观念在传统中国根基深厚，一方面是因为政权和人民之间的"舟水"关系；另一方面是先秦以来民本思想主导下的爱民观深入人心，并且一直继承和发展下来，影响深远，"渗透到近代中国民主思潮发生发展的过程中，而且经过长期的积淀，已内化到中华民族的文化心理结构之中，从更深的层面上制约着近代思想家、政治家们的思维模式和行为模式"②。中国共产党从革命时期到建设时期，在马克思主义理论的指引下，结合中国实际，创造性地提出了一系列革命和建设的思想、理论、方针与政策，都和传统中国的民本思想有相通之处。新中国成立以来，中国共产党成为执政党，从提出"全心全意为人民服务"的宗旨到提出"执政为民"理念，都深刻地反映出党和政府工作的出发点。执政为民深刻体现在"始终紧紧依靠人民群众，诚心诚意为人民谋利益，从人民群众中汲取前进的不竭力量。……始终把体现人民群众的意志和利益作为我们一切工作的出发点和归宿，始终把依靠人民群众的智慧和力量作为我们推进事业的根本工作路线"③。中国共产党执政以来，无论是"三个代表"重要思想，还是"科学发展观"、"以人为本"以及"四个全面"等，都是要求切实保护、维护和实现人民群众的利益，这是价值理念上"爱民"思想的深化。

二　清正廉洁

"每一个社会都有一种占统治地位的价值观念体系，正是这种价值观念体系规定着整个社会运行的内容和方式、运动的目标和方向，规定着整个社会的性质和面貌。无论是历史上还是现实中都可以看到：价值目的的观念不同，总是规定着一个社会是民主社会还是专制社会、自由社会还是极权社会；价值手段的观念不同，总是规定着一个社会是市场经济还是自

---

① 张岱年、方克立：《中国文化概论》，北京师范大学出版社，2015，第276页。
② 陈胜粦：《林则徐与鸦片战争论稿》，中山大学出版社，1990，第596~597页。
③ 《论党的建设》，中央文献出版社，2001，第496页。

然经济或商品经济社会、竞争社会还是保守社会、开放社会还是封闭社会；价值规则的观念和权力制约的观念不同，则规定着一个社会是法治社会还是德治社会。所有这些观念的汇总，构成了一个价值观念体系，一旦反映在人的行为领域中，就是以人的信念的形式出现的。"① 中国传统的整体主义思维决定了人们倾向于相信个人的信念能力和道德能力，在古代，淡泊名利是士大夫阶层公认的价值取向，自然也是入仕者奉行的准则。对于儒家和儒生而言，积极入世是一种态度，这点和老子提倡的有所不同。然而积极入世并非是浮躁喧哗，也不是争权夺利，而是要杜绝私利，实现为国为民的抱负。不可否认，少数人抱着为了功名利禄和中饱私囊的目的去做官，但整体上而言，传统整体主义下的价值观倡导官员天下为公、清心寡欲、一心为民。

在义和利的关系上，见利忘义被摒弃，而见利思义则值得肯定。很多官员如果官场失意或者被贬被黜，淡泊名利也有助于他们释放情怀。淡泊名利的核心就是保持士人的志，志的本源是心中的理想和气节。"三国时，诸葛亮提出'俭以养德'的思想，要求'淡泊明志，宁静致远'。对为政者来说，'俭以养德'的德，主要是廉德。廉既是对为政者的要求，也是一般人应有的品德，因无'廉'不'洁'，无'廉'则不'明'。'廉者，清不滥浊也。'（《周礼·小宰注》）清白不污，纯正不苟，为'廉洁'；能辨是非，以义取利，是'廉明'；能自我约束而不贪求，是'廉俭'。'廉犹俭也。'（《淮南子·道训》）'廉'的根本是在取予之间，取道义，去邪心，严格自我约束。孟子把这样的人格称为'廉士'。正因为如此，法家把'礼、义、廉、耻'作为国之四维。有了'廉'，便可能做到'正'。"② 到了当代，清正廉洁同样是党政干部和公务人员的优秀品德，并且时代赋予其更高的意义和价值。诚如习近平总书记所说："坚决反对形式主义、官僚主义，坚决反对享乐主义、奢靡之风。"③ 共产党员和领导干部如果不能坚决地反对享乐主义、奢靡之风，就可能出现原则问题。

---

① 张康之：《寻找公共行政的伦理视角》，中国人民大学出版社，2012，第270页。
② 张岱年、方克立：《中国文化概论》，北京师范大学出版社，2015，第217~218页。
③ 《习近平论党的作风建设——十八大以来重要论述摘编》，《党建》2014年第8期，第5~8页。

三　捍卫政治道德

在大是大非上坚持气节是自古以来官吏的一种难能可贵的品格，这种品格的最高体现就是舍生取义，在千钧一发、面临生死的重要关头，孟子倡导的杀身成仁、舍生取义激励了无数官吏坚持节气。这种鲜明的价值观集中体现在三个方面。

第一，体现在国家面临危机，生死存亡时刻，特别是异族入侵、江山风雨飘摇之际。如南宋遭受元兵入侵，以文天祥等为代表的一批士人和官吏，坚贞不屈，在非常艰难的时刻组织抵抗，为了民族大义而奋斗到底。

第二，在重要的决策或者事务上，不畏可能的性命或者牢狱之灾，坚持意见，进行苦谏。如唐代韩愈针对当时唐宪宗迎接佛骨，浪费大量钱财的行为，上书进谏，触怒皇帝，几乎遭杀身之祸，最后被贬到地方，但他仍然积极主政，为百姓造福。

第三，在奸臣或者权臣当道的时期，很多人拒绝同流合污，同奸佞势力进行不屈不挠的斗争。如明代阉党当政时期，很多东林党人进行斗争，以致不少人身陷囹圄。在整体主义思想下，政治与道德是密不可分的，而东林运动本质上就是一场维护政治和行政领域道德的斗争，政治的堕落与衰败也是源于道德上的腐败，所以东林党人希望以此来恢复政治道德。"东林人士参与的是一场除了'铲除奸佞'再无其他纲领的权力斗争。他们所希望的——和他们达不到就不能善罢甘休的——仅仅是一个能允许正直的人与具有同样思想的君子们为伍、清正为官的政权。他们以为这样国家所有的问题都可以迎刃而解。他们似乎觉得党派斗争中的失败、死亡，甚至是国家的覆灭都胜过个人道德上的妥协，无论这种妥协是屈从于一位不负责任的皇上还是让步于一个邪恶、道德败坏的太监。"① 因此，虽然东林党人的举动是具有理想主义性质的，但是他们能够为了捍卫传统的儒家道德同敌对势力做毫无退让的斗争，这正是中国传统政治道德的表现。

在当代的行政模式下，坚持原则依旧是党政领导干部和工作人员的重要准则。如果不能坚持原则，就会丧失独立的自我，抵挡不住各种诱惑，

---

① 〔美〕费正清编《中国的思想与制度》，郭小兵等译，世界知识出版社，2008，第155页。

更不要说经受住各种考验。新中国成立以来，在一些政治动荡的时期，如"文化大革命"时期，很多老干部经受住了冲击和批斗，不仅坚持真理，还同林彪集团和"四人帮"等进行斗争。改革开放的今天，很多干部能够坚持理想、坚持原则，在改革开放的前沿能保持本色，在边疆边陲能克服各种艰难险阻，扎身奉献，有的甚至献出了宝贵的生命，这都是舍生取义的典型体现。这三方面是中国行政模式下价值观的主要体现，价值观的这三方面内容具有内在的逻辑关系。执政为民奠定了价值观的基础，是基石和出发点，换言之，这解决了"为了谁"的问题。如果这一点发生了动摇，行为就会发生价值上的偏离。清正廉明是针对执政为民的要求提出的，如果执政的目的是填补自我贪欲和没有止境的物欲需求，那么官员必然会利欲熏心，充满对名利的追求和崇拜，以实现自己利益的最大化为追求和目标，贪污腐化，祸害一方。因此，只有执政为民，才可能清正廉明。只有以这两点作为前提，才能在大是大非前坚持原则，甚至舍生取义。舍生取义是前两者的必然结果，不是一时冲动，这三者的互动和联系构成了中国行政模式下行政人员价值观的体系与内容。

第三节　行政人员行为动机的整体主义特征

行政人员的行为动机是引导和推动行政人员行为的心理状态或者动力。行政人员的行为动机是一个非常复杂的研究对象，它被正式提出是在19世纪末西方和欧美国家进入政治与行政两分的研究时期，该时期出现行政官僚"经济人""机器人""人性恶"等理论。20世纪行为主义研究方法盛行后，摒弃了以简单化来研究官僚行为动机的做法，而是把官僚放在更复杂的社会背景下进行综合研究，并根据变化的实际情况进行调整。比较有影响的是"自我实现人"的理论，这种理论认为官僚是具有社会属性的人，因此官僚也追求自身价值的实现，不过这种理论更多地把官僚看成一个整体，而忽视了官僚的个人需求，对官僚个体化需求及其背后的动机研究不够。新公共管理运动影响着对官僚行为动机的研究，新公共管理理论认为官僚和官僚机构追求行政权力最大化，只有这样，官僚才有可能在预算、地位、权力、收入、声誉等各方面实现利益最大化。因此，新公共服务理论才更加看重官僚在公共服务和公共利益实现上的动机。总之，行政人员的行为动机是一个复杂问题，从任何单一的角度出发研究，都可能有失偏颇。行政人员队伍是一个整体，同时每个人又有自己的个性、目的和追求，每个人的动机不可能完全相同。将行政人员视为整体进行研究，就会只见森林而不见树木，而逐一研究行政人员的行为，则会只见树木而不见森林。因此，在中国行政模式下，研究行政人员的行为动机，需要将整体性研究和个体分析结合起来。

一　传统行政人员的行为动机：内圣外王

古代社会儒生占据着行政人员的主体，秦统一后，以法家治国，一定数量的儒生在中央政权里有行政职位，参与政事、提供意见，如博士等。汉代初期虽然信奉黄老之学，但是儒家和儒生是积极入世的，这种传统从先秦时候就已经形成，在董仲舒等儒生的努力下，终于罢黜百家，独尊儒术。虽然历史上也有门阀政治的时期，不过科举制施行以后，官僚的主要来源就是儒生。孔子说过敬鬼神而远之，因此儒生非常关注现实，积极入世，"内圣外王"的信念支持着一代又一代的儒生前赴后继地投身到官场中。内圣，是对自己道德修行的要求。所谓修身、齐家、治国，从个人来说，只有强调自我修养，完善自己的品德，达到圣贤的标准，才能从个人推及家庭，从家庭推及国家。只有具备了强大人格并将这种人格投放到社会的价值创造中去，实现理想和抱负，才能在逻辑上站得住脚。总之，推己及物与推己及人是儒家"内圣外王"之道的实现形式①，完成"内圣外王"是儒家和其笃信者的追求与使命。"所谓外王，是指治平天下的事功。儒家的某些代表人物甚至还把'外王'提到十分引人注目的地位，如荀子便认为，理想的人格应当具有'经纬天地而裁官万物'的本领，但就儒家总的价值取向而言，'内圣'始终处于主导地位，外王事功不过是其逻辑的必然结果……修身旨在达到内圣之境，治国平天下则属广义的外王，而

---

① 孙建伟：《内圣外王与中庸之道——基于〈中庸〉文本及其诠释著作的考察》，《江汉论坛》2015年第2期，第102～107页。

'壹是皆以修身为本'的纲领，便使内圣具有了本体的地位。"① 对于忠诚的儒生而言，进入行政系统的动机是为国为民为君，即所谓的达则兼善天下，这种动机是一种纯粹的道德理想主义。以当时的社会水准和道德标准看，崇高的动机可以支持忠实的信徒克服阻碍，做出一番事业和成绩，而且在艰难困苦的情况下，不屈不阿，表现出坚贞和士大夫的气节。中国的传统治理理念是一种"通过完善'官'的道德修养来提高其道德责任感的。也就是说，中国传统文化注重人的内在德性的修养，追求的是'人人皆可为圣人'的道德自我觉醒；认为人皆有'善'的道德本性，虽然人的气质禀赋有所不同，但'为仁由己'，'圣人与我同类……人皆可以为尧舜'，并把'内圣'与'外王'统一起来，企图用'内圣'来指导'外王'。我们知道，'内圣'是指内有圣人之德，'内圣'是'外王'的基础，是出发点、立足点和本质所在。这样一来，就在人的道德与人的行为之间建立起了统一性"②。

　　在以儒生为主的官僚体系中，"内圣外王"成了被社会认可的动机。这种动机使得无数官僚前赴后继地为国家命运竭尽全力，同时也有一些官僚抱着追求私利的动机。这两种动机都存在于现实行政过程中，出现这种现象的原因是多方面的。①自科举制施行以来，儒生进入行政系统的途径非常有限，很多读书人穷其一生，可能都无法迈过科举这个门槛。科举非常残酷，以进士的年龄看，历史上许多名人考中进士的时候，年纪都已经很大。以明代为例，明代进士的平均中试年龄为 31.12～32.47 岁，考虑到明代进士平均少报大约 1.5 岁的情况，则其实际平均中试年龄当为 33.3 岁。③ 因此，像寇准那样 19 岁就中进士的人毕竟是少数，大多数人真是"四十少进士"。科举有限的录取名额使功名来之不易，一些儒生只是将儒家经典的学习视为敲门砖，道德文章无论写得多好，不过是一种博取功名的手段。②独尊儒术一直延续到清朝，历代帝王对儒生的青睐以及招募出于维护家天下的需要。儒家的传统经典是民重君轻，特别是孔子以及后世

---

① 张岱年、方克立：《中国文化概论》，北京师范大学出版社，2015，第 324 页。
② 张康之：《寻找公共行政的伦理视角》，中国人民大学出版社，2012，第 272 页。
③ 郭培贵：《明代举人数量及进士平均中试年龄考述》，《长江师范学院学报》2014 年第 5 期，第 56～59 页。

的儒家学者非常推崇三代政治的美好，即使是董仲舒论证了"君权神授"，也不忘以"天兆"来限制君主的所为。但君主都倾向于加强自己的权力，明代借助太监、锦衣卫等监视官僚，清朝在一些官僚机构中设置满族官员来限制汉族官僚。由此可见，专制君权既需要臣子忠心耿耿为其服务和卖命，然而又不能容忍臣工限制其权力，更别说分享其权力。③儒家及其笃信者的动机是实现"内圣外王"，但皇帝的素质参差不齐，既有雄才大略的君主，也有昏聩无为甚至是亡国之君，不是每一个皇帝都能符合儒家心目中"圣人"的形象。纵使一些皇帝仁厚，在残酷的权力斗争中也不可能完全按照儒家的标准行事。因此，"内圣外王"和君主制在现实中形成了矛盾。④很多儒生内心的理想和官场的诱惑、规则、压力、派系等因素互相冲撞，使得有些官员最后随波逐流，甚至和腐朽的势力同流合污。

二　当代行政人员的行为动机：为人民服务

为人民服务是我国政府的根本宗旨和基本价值，为人民服务的动机是公共利益至上的基本信念，其基本内容就是维护公共利益。"我们的政府是人民的政府，政府在总体上的责任与行政人员个人的责任是一致的，而不是像现代官僚制的设计原则所规定的那样：政府的总体责任与行政人员的个体责任是分立的，甚至是无关的。所以，我国政府及其行政只有建立起为人民服务的普遍信念，才可能在这种信念的基础上产生明确的责任。在这里，信念是先于责任的，信念是责任的支柱，也是责任的发生机制。"① 因此，应从两个方面研究当代行政模式下的行政动机：一是主体的构成；二是法理性的引导。新中国成立初期，行政机构成员的主体是共产党员、民主党派，部分吸纳了原来国民党政权中通过审查的人员，民主党派也是拥护社会主义和党的领导的，20 世纪 50 年代后期逐步以共产党员为主体。党的宗旨是全心全意为人民服务，这既是价值观，也是每一名共产党人应有的行政动机。为人民服务是当代行政人员的主流动机，然而实际上也存在一部分人为了私利加入行政队伍的情况。诚然，如果说追求利益是人的天性的话，那么以什么样的态度和方式对待个人利益至关重要。

① 张康之：《寻找公共行政的伦理视角》，中国人民大学出版社，2012，第 274 页。

毫无疑问，正当和必要的个人利益值得肯定，可是不该提倡没有任何节制的私欲。作为一个掌握着公共权力的行政人员，特别是在重大岗位的公务人员，一旦动机不纯，必然会给国家、社会和人民带来危害和损失，如何引导和树立正面的行政动机是必须重视的问题。

为了解决这一问题，需要在正视动机的结构化前提下，对动机进行结构化分层管理。具体来说体现在以下方面：①理想状态下的行政系统及其行政人员队伍的整体化使行政人员行动动机也呈现标准的高度统一，但实际上行政人员行为动机会发生分化。这种分化的原因有体制性的宏观因素，也有个人的微观因素，即行政人员动机是多样化的、多变的。因此他们不像以往的传统动机理论认为的那样只具有某一种或两种动机，而是具有多种动机，是多种需求和动机的有机综合①，整体主义之下也必须重视个体，承认和正视可能的动机分化。②承认行政人员动机的结构化，即允许分化的产生，才能有针对性地采取对策进行良性的控制和导向，实现行政人员动机正面价值的最大化。③对行政人员的动机进行结构化管理。所谓结构化的管理，首先，坚持正面动机教育，引导行政人员遵循正面动机和发扬正面价值。其次，对行政人员动机进行分层。将行政人员的动机分为长期动机、中期动机和短期动机。长期动机是一种针对行政人员职业生涯全程的动机培养和引导，中期动机和短期动机要与行政人员的职业生涯规划进行结合。④培养和树立理性、模范的动机，抑制不良动机，使"不仅在政府的制度设计和体制设置上需要体现出公共意志，而且要把公共意志作为行政人员必须加以执行的信念。公共行政无论在总体上还是行政人员的个体那里，都应当把维护公共利益作为不可移易的目标，而且应当承担其后果责任，即使得不到法律的惩罚，也应受到道德的谴责"②。

第四节　行政人格的整体主义特征

西方的公共管理学理论经历了传统公共行政、新公共管理和新公共服

---

① 戴昌桥：《行政官僚行为动机理论的历史演化及其特质——基于人性假设视角分析》，《湖南科技大学学报》（社会科学版）2009 年第 1 期，第 65～71 页。

② 张康之：《寻找公共行政的伦理视角》，中国人民大学出版社，2012，第 274 页。

务几个阶段，"效率"是传统公共行政关注的核心内容，"效率"和"效能"是新公共管理的核心，超越效率和效能的"价值"作为一种新的研究趋势出现后，一直在被争论、挑战、评价。① 行政人员既不是完全的"经济人"，也不是在行政－政治两分原则下的"工具人"，如果行政从客观上不能实现价值中立，而行政人格又从根本上体现着行政的价值，那么行政人格的研究就需要引起研究者的重视，行政人格的塑造将成为行政体制改革的重点和难点。中国传统行政人格和当代的行政人格在很多方面有着明显区别，但又因为在历史和文化上一脉相承的关系，中国当代的行政人格从表现形式和内涵价值上无法摆脱传统文化的影响。因此，研究传统文化对当今行政人员的人格塑造有重要意义。

高登·奥尔波特认为人格是"个体内部身心系统的动力组织，它决定了个体对环境的独特调节方式"②，斯蒂芬·P. 罗宾斯等认为人格是个体对它的反应方式和交往方式的总和，常常通过个体表现出来的、可以测量的人格特质进行描述。③ 国外学者对人格的研究侧重于测量和评价，在研究行政人格的方面也是如此。中国的学者大都从历史的、伦理的视角出发，概括行政人格的内涵和类型。王沪宁、竺乾威在《行政学导论》中从行政人员的能力、性格、气质和行政行为的关系角度分析行政人格。④ 张康之等将行政人格理解为行政人员个体之格，注重研究人格形成的社会背景和内涵结构，并且划分出行政人格的历史类型，即依附性人格、工具性人格、独立人格。⑤

总结国内学者对行政人格的界定，学者们对以下几点内容的看法是一致的。第一，行政人格的形成是一个历史的、动态的过程。行政人格是在

---

① John M. Brjson，Barbara C. Crosby，Laura Bloomberg，"Public Value Governance：Moving Beyond Traditional Public Administration and the Public Management，" *Pulic Administration Review* 74（2014）：445.

② G. W. Allport，*Personality：A Psychology Interpretation*（New York：Holt，1937），p. 48. 转引自〔美〕斯蒂芬·P. 罗宾斯、蒂莫斯·A. 贾奇《组织行为学》，李原、孙健敏译，中国人民大学出版社，2008，第 92 页。

③ 〔美〕斯蒂芬·P. 罗宾斯、蒂莫斯·A. 贾奇：《组织行为学》，李原、孙健敏译，中国人民大学出版社，2008，第 92 页。

④ 王沪宁、竺乾威：《行政学导论》，三联书店，1988，第 194 页。

⑤ 张康之、杨艳：《论行政人格的历史类型》，《江海学刊》2004 年第 6 期，第 87～93 页。

历史环境、制度环境、文化环境、组织环境综合影响下，行政人员在心理、态度、气质、风格、能力等方面较为稳定的表现，并且在行政行为上体现出一定的连贯性。第二，行政人格是一个立体的结构和系统，有一定的层次和内容，理论上每一个层次和内容都是可以被测量的，进而成为划分不同行政人格的标准。第三，行政人格可以从个体和整体层面界定，个体行政人格经过抽象凝结在整体层面上就表现为行政组织人格，组织也实现了人格化。[①] 第四，行政人员的个体人格和整个组织的整体人格体现了行政人员区别于其他社会职业的内在规定性，是行政角色规范对行政人员的必然要求，而行政工作和其他职业的根本性区别也体现了行政人格所代表的行政价值。"行政人格通过行政活动展示自身及组织价值尊严的身心结构的总和……是行政人员以及组织尊严的载体，承载并体现行政价值是行政人格的终极追求。"[②]

遗传和环境是目前已知影响人格生成的两个重要因素，遗传因素决定人格先天的特性，而人格潜能发挥要依靠自身对环境的调节来实现。"文化所建构的规范、态度和价值观念会一代代流传下来，一直保持着稳定性，不随时间变化而变化，在一种文化中培养出来的稳固的意识形态，另一种文化最多只能对它起到轻微的调节作用。"[③] 文化对人格的影响是潜移默化的，自然而然的。不同的民族文化会影响人们的核心观念和基本行为目标，进而塑造整个民族的行为模式，在这个民族文化中的个人会不知不觉趋向于达成共同的价值观或行为目标。[④] 因此，中国传统文化通过历史的积淀，会体现在行政人员的人格特征中。整体主义思想中的"内圣外王""等级秩序""抑制创新"等核心特质内化成为行政人格，他们将整体主义思想的精髓带到治国理政的现实政治中去，从而完成儒家"内圣外王"的伟大理想。在整体主义影响下生成的传统行政人格有理想型行政人

---

① 陈建斌、邓红艳、姬鹏超：《行政人格概念辨析》，《湘潭大学学报》（哲学社会科学版）2010 年第 2 期，第 43 页。

② 陈建斌、邓红艳、姬鹏超：《行政人格概念辨析》，《湘潭大学学报》（哲学社会科学版）2010 年第 2 期，第 43 页。

③ 〔美〕斯蒂芬·P.罗宾斯、蒂莫斯·A.贾奇：《组织行为学》，李原、孙健敏译，中国人民大学出版社，2008，第 93 页。

④ 〔美〕露丝·本尼迪克特：《文化模式》，王炜等译，华夏出版社，1987，第 2 页。

格、依附型行政人格和稳定型行政人格三种基本形式，三种行政人格是古代社会官僚的基本人格，每个官僚身上都有体现，只是程度有所不同。

一　"内圣外王"下的理想型行政人格

冯友兰在《新原道》中说："在中国哲学中，无论哪一派哪一家，都自以为讲'内圣外王之道'。"① "内圣外王"有丰富的思想内涵，是儒家思想中关于道德、政治、伦理、法理等多方面的抽象概括，也最能体现儒家的基本精神。"内圣"是对内在修养的终极追求，如果每个人都注重自身的道德修养，并把这种品质推及政治领域，推己及人，成己成物，惠及天下人，那么人人皆可为尧舜，并因此成就自己的事业，从而成为"外王"。具体来讲，理想人格的实现要通过"格物、致知、诚意、正心、修身、齐家"而达到"治国、平天下"的最终目标。"内圣"是"外王"的前提和基础，"外王"是"内圣"的归宿，儒家强调"内圣"和"外王"的统一。因此，儒家不仅注重内心的自我修养，也倡导积极入世的观念，"内圣外王"不仅是一种崇高的理想追求，更是一种"经世济民"的道德实践。儒家这种"内圣外王"的思想影响了理想型行政人格的生成，理想型行政人格就是在行政活动和行政理念中贯穿了极强的道德意味，行政人员必须具备较高的道德修养，行政方式也必须符合"德治"的理念。

在古代，代表行政机关的最高统治者具备很高的道德修养是政治合法性的基础，评价政府好坏的标准也是道德原则。"内圣外王"式理想型行政人格是对任何政治统治者都具有强大吸引力的统治工具，费正清在《美国与中国》中提到，当蒋介石被扣留于西安，在 1936 年圣诞节被放回南京时，他用强烈的道德语气发表了声明："中正亲总戎机，责在身教，乃精诚未克感通，督教遂显明效，以有此毁法罔纪之举……务请钧会府明课中正以责任，严加处分，以惩失职之愆。"② 可以看出，不仅古代皇帝通过"罪己"的方式来表明自身的道德立场，到了中国近代，这种道德的政治语言仍然还是政治和行政的基本行为方式。所以，费正清发出惊叹，"在

① 冯友兰：《中国哲学之精神》，中国青年出版社，2005，第 6 页。
② 〔美〕费正清：《美国与中国》，张理京译，世界知识出版社，2014，第 54 页。

2000 年的大多数岁月里，儒家的思想意识成为世界上这一最大国家里的主要学习科目。单独一套被认为源出于一个古代圣人的始终一贯的思想体系，竟能在这么多世纪里成为政府权力合法性的理论依据，这种现象在世界上任何别的地方是从未有过的"①。可见，为官是否具有较高的道德修养是判断行政人员是否具有行政资格的价值前提。

此外，在传统官僚的治国理念中，"德治"占主导地位。孔子认为统治者不仅要加强自身的道德修养，为人民之表率，更要"为政以德"。具体表现为以教育、政治、风俗、礼仪为手段，通过道德的说教和教育来感化、影响民众，形成一种在法律强制手段之外的社会规制方式，促使民众过上一种有道德性的生活。梁漱溟认为："道德为理性之事，存于个人之自觉自律。宗教为信仰之事，寄于教徒之恪守教诫。中国自有孔子以来，便受其影响，走上以道德代宗教之路。"② 道德不仅可以作为指引社会成员思想、规制社会成员行为的有效手段，还有引导人们向善的作用以及取代宗教的趋势。

二　"等级秩序"下的依附型行政人格

中国社会的结构是以"己"为中心，像水纹波浪一样向外推开，自己和别人的关系越推越薄，越推越远。③ 联系人与人之间的基本原则是"伦"，即儒家思想中的等级秩序观念。家庭伦理扩大到国家范围，君君、臣臣、父父、子子成为封建统治的伦理基础，因此古代社会是一个由"伦理"编织起来的巨大网络。中国传统社会以父与子的绝对服从关系为基础，从而衍生出兄与弟、夫与妻、君与臣的服从与依附关系。国家是家庭权威的延伸，国家这个词本身就包含了"家"的特征，统治者对于国的统治具有父之于家的权威。

在依照家庭的组织方式构建出的官僚组织结构中，皇帝和臣下的关系是家庭中父子关系的放大，于是形成以皇帝为中心，臣子服从皇帝、下级服从

---

① 〔美〕费正清：《美国与中国》，张理京译，世界知识出版社，2014，第 53 页。
② 梁漱溟：《中国文化要义》，世纪出版集团等，2015，第 103 页。
③ 费孝通：《乡土中国》，人民出版社，2008，第 30～31 页。

上级的等级清晰的官僚集团。在这个等级森严的体系中，每个人的地位和角色是由自己在等级中的位置决定的，个人存在的社会意义也依附于这个等级体系。"所以，在官吏的一切行政管理活动和一切行为中，都存在对统治阶级利益的依附关系。因而，他在人格上是不可能有着独立性的……在形式上，官吏的依附人格是以等级结构为基础的……在实质上，官吏的依附人格是以统治阶级利益为基础的。"①

传统的依附型行政人格有两方面含义。一是在严格等级秩序基础上形成的"权力依附"，这种依附体现为上级对下级的支配，下级对上级的依附，这种依附不仅造成了官员独立性的丧失，还导致官职的不稳定，社会阶层的升降与流动，官员在宦海中上下沉浮。② 二是官员依附于权力的差序格局以及与此紧密相关的伦理道德的意识形态。前者是后者的表现形式，后者是前者的根本原因。官僚集团中的官僚在儒家文化的熏陶之下，已经和社会中的每一个普通人一样，接受了整个社会的基于伦理基础的等级安排，"权力依附"有赖于"意识形态依附"，二者是古代官僚在行政活动中秉持的基本原则，也是官僚在行政队伍中感到安全和满足的重要心理依靠。

三　"抑制创新"下的稳定型行政人格

对政治生涯"稳定性"的追求是古代官僚依附于等级体系的必然结果。从行政管理的主体到行政管理的客体，整个社会的每一个成员都被纳入等级秩序的格局中。这种依附性使行政客体和行政系统的关系是绝对服从，这种主体和客体的不对等性导致了传统社会并没有一种竞争性机制吸纳对行政系统的反馈声音，任何对行政系统的正当要求都呈现一种道德诉求的态势，是一种官员相对于普通百姓的更高层次的道德伦理关怀，这也是古代官员总被称为"父母官"的原因。在古代中国，如果官员行为端正，具有一定的道德修养，没有什么大的行政失误，即使自身的行政能力

---

① 张康之、杨艳：《论行政人格的历史类型》，《江海学刊》2004 年第 6 期，第 89 页。

② 杨艳：《论行政人格的历史类型》，博士学位论文，中国人民大学政府管理学院，2006，第 125 页。

受到质疑也不足以否定一个官员，更不能成为百姓"造反"的动机。因此，道德修养或者说道德政绩对一个官员来说是影响其政治升迁的决定性和关键性因素，而道德要求是主观的和内在的，相比之下，其他社会领域的客观性政绩显得那么微不足道。综上，官员的评价和升迁机制导致了官员不需要创新，只要求稳就可以实现政治上的稳步上升，相比轻易尝试带来的风险和不稳定性，"安于现状"对任何一个官员来说都是最好的选择。

此外，官僚系统中的权力完全集中在皇帝手中，从中国的封建集权制建立之日到清朝，权力的集中程度越来越高，但也带来一个弊端，就是皇帝的日常事务越来越多，责任越来越重。雍正时期，具折上奏的官员范围不断扩大，"京官自翰林科道郎中以上。外官自知府道员学政以上。武官自副将以上。旗员自参领以上"① 都具有具折上奏的权力。皇帝通过官员的直接奏报能够获得更加直接的地方信息，同时也能有效制约下面官员相互勾结，保证行政权力的集中。但是，"康、雍、乾三朝，题本、奏本制度与奏折制度并存，皇帝每天需要处理公文的数量非常多。粗略统计，雍正朝年均题本总量为 1 万多件，乾隆朝约为 1.4 万多件……加上奏折的数量，皇帝需要处理的文书总量是惊人的"② 。底层官员的意见要经过中层官员的"转呈"才能被皇帝看到，所以对于底层的官员来讲，没必要由于一些太过新意的想法导致奏折不能上传。对于皇帝来讲，太多的行政事务和亲自批阅的奏章、奏折也使最高行政领导疲于应对微观事务，失去对全局的把握，进而整个行政系统由上到下失去前进和创新的动力也不足为奇了。

四 整体主义文化对传统行政人格的塑造

整体主义文化的传承与沉淀需要通过一定介质和机制来实现，科举制度就是传统文化影响行政人格的重要介质。科举制度以及相关的教育制度作为整体主义文化的载体，将文化中蕴含的重要特质——"内圣外王""等级秩序""抑制创新"等通过社会化过程传递给行政人员，内化为行政人员的

---

① 《清实录·世宗宪皇帝实录》，中华书局，1985，第 103 页。
② 王悦：《康雍乾时期奏折制度》，硕士学位论文，哈尔滨师范学院社会与历史学院，2012，第 45 页。

态度、价值观以及行为上的稳定性和持续性特征，并且再外化为整个组织稳定的组织人格。

由于文化的共享性，"内圣外王""等级秩序""抑制创新"等文化的特质在官僚进入官僚集团之前就已经渗透到他们日常行为规范的每个环节、每个部分，正是在"内圣外王"的道德激励和文化认同下，很多仁人志士接受了被灌输的价值观，并按照这种价值观，选择自己的人生目标和发展目标，立志通过做官来实现自己的人生理想，经过科举制度和教育制度的强化，他们满足了角色对他们的期待，顺利完成了角色的转换，具有了理想型、依附型和稳定型的行政人格。整体主义文化的特质不是通过外在的强制性因素对其进行约束和规范，而是通过内在的方式影响每个人的思考方式和行动倾向，其中的特质影响了传统官僚共同的价值观念和行为模式，成为盛行于官僚组织的组织文化以及一种抽象的组织人格特征。

在"内圣外王""等级秩序""抑制创新"三种因素的影响下，中国的传统行政人格体现为理想型、依附型和稳定型三种类型。这三种类型的行政人格是传统行政人格的基本表现形式。理想型行政人格决定了官僚进入官僚组织的动机、行政方式、行政理念有明显的道德倾向；依附型行政人格决定了官僚在组织中的责任和义务都是由自身所在的等级地位决定的；稳定型行政人格决定了官僚在行政活动中缺乏创新的动力和动机，虽然短时间内促进了组织的稳定，但是从长远来看，组织失去了进步的空间和创新的活力。

第五章　行政机制的整体主义特征

　　本书分析了行政文化、行政组织、行政行为三方面的整体主义特征，本章将进一步揭示行政文化、行政组织、行政行为之间的关联机制。行政文化通过一定的经济、自然地理机制对行政组织的结构和形态产生影响。行政行为和行政文化的关联机制是双向的，行政文化通过对普通社会成员的社会化和对行政人员的社会化两个方面影响行政行为，行政人员通过自身的行为印证、强化行政文化，当行政行为与行政文化出现冲突而且大部分人认识到改变的必要性时，会出现集中力量推动行政文化变革的情况。行政模式的维系需要一定的机制，本书认为行政激励机制、保障机制以及控制机制这三种机制从不同方面体现了行政模式的整体主义特征并维系行政模式。行政激励机制分为物质激励和思想激励，或传统行政激励和当代行政激励，不论传统还是当代的行政激励都以道德激励为主，其优势是对组织成员的激励可以使其形成稳定的心理追求并与行政文化相吻合，促使行政权力运行平稳和行政组织健全稳定。行政保障机制即主导型政府，通过对社会价值的影响和对公共事务的最大化介入发挥作用，主导型政府不仅能够积极引导社会的发展、保障行政权力正常运行，还是保障普通公民权益实现的重要途径。行政控制机制即政府的内外部控制机制，内部控制机制通过对行政组织、行政人员、行政制度的控制来实现，外部控制机制包含对市场经济的控制和对社会成员文化上的控制。

第一节　行政文化和行政组织的关联机制

　　在多样性行政文化的影响下形成多样性的行政组织。崇尚神权的行政文化孕育出服从绝对权威的行政组织；崇尚法治的行政文化孕育出等级严明、韦伯式的层级制组织。因此，行政文化对一国行政组织形态的影响是毋庸置疑的。

就美国而言，来到美国的殖民者具有加尔文教背景，这种宗教信仰影响了建国者们对政府的看法。因此，加尔文教中人性的观点间接影响了政府形态和组织方式，加尔文教认为人是天生有罪的、堕落的而且是无法取悦上帝的，政府本身就是人性的集中体现，对人性黑暗部分的恐惧体现在政治上就是对暴政、对独裁者的恐惧，怎样分配权力形成权力的制约平衡机制至关重要。政府的权力是上帝授予的而且是有限的，在"有限政府"观念的影响下，美国形成了联邦制。就法国而言，法国大革命是与过去彻底的决裂，是资产阶级与贵族、与传统的彻底决裂，但彻底的决裂几乎不可能达到，内外交困的政治局面使不安、恐惧、焦虑的心态在追求完美的革命者心中蔓延，这种危机感造成了法国革命者使用极端的手段进行革命并且和反革命者形成激烈的对峙。革命者和反革命者之间这种极强的对抗意识造就了法国政治上浓厚的对抗性、二元性和分裂性，理性与非理性的共生，因此，法国的文化是一种内战风格的文化。对立式的政治文化影响了法国的政治体制，法国实行全民选举，总统七年选一次，议会选举五年进行一次，议会多数派推举总理，选举的时间也不同，在很多情况下，总理和总统并不出自同一阵营，而是分别出自"左""右"两派，形成"左右共治"的独特现象，这种政治体制极易引发内阁动荡、政治更迭，是法国政局不稳的主要因素。

行政文化是行政组织形态最深层的灵魂部分，行政文化对行政组织的影响一直是行政管理学研究的热门问题。行政文化通过间接的方式影响行政组织的构成形态，所以行政文化和行政组织的关系并不是决定与被决定的关系，而是相互影响、双向互动的关系。行政文化通过中间机制来影响行政组织的结构，同时行政结构也成为一种具体的文化符号，象征着一国历史、文化的独特性，中国行政文化对行政组织的影响既要遵从普遍的规律，也要发掘其中的特殊性，即整体主义特征。中国传统思想中关于处理个人和整体、个人和自然、个人和社会、个人和国家的著述不胜枚举，在西方思潮如洪水般涌进国门后，儒家文化的影响并没有减弱或消退，而是兼容并蓄，和其他文化形成一种共生关系。行政文化本身就是社会文化的亚文化或者分支，行政文化有传统文化的烙印，因此，中国的行政文化既不是韦伯的法理型文化，也不是传统的强权文化，而是整体主义色彩浓厚的行政文化。整体主义行政文化影响行政组织通过一定的机制来实现，即通过地理环境和社会经济等机制影响行政组织的形态和结构，进而整体主义行政文化才成为行政组织的内生性文化。

一　自然地理机制

自然地理机制，是指气候、水文、地貌、植被、海陆分布等要素，是大气圈、水圈、岩石圈组成的总和。通过自然地理机制，人类获得赖以生存的物质资料以及生产建设资源，自然地理机制也是人类精神和文化产生的基础。自然地理机制一定程度上作用和影响中国整体主义行政文化。

中国领土辽阔，与广阔领土相伴的是复杂的水文、地形、气候等因素。中国"从最东的黑龙江与乌苏里江汇合处到最西的帕米尔高原约有5200公里，从最北的漠河以北的黑龙江江心到南海诸岛南端约有5500公里，而历史上的疆域范围更大。所以，在中国内部形成了各种不同的自然地理区域，表现出不同的地理特征，蕴藏的自然资源也丰富多彩，各不相同。境内的一些主要山脉，如东西向的天山、阴山、燕山、昆仑山、秦岭、大别山、南岭，南北向的贺兰山、六盘山、横断山，北东向的太行山、大兴安岭，北西向的阿尔泰山、祁连山以及弧形的喜马拉雅山等，主要的河流如长江、黄河、淮河、汉江、辽河等，往往成为地理区域的分界线"①。自然地理环境是人们赖以生存的物质条件和基础，甚至在一些具体的时间和空间内，自然地理环境对行政组织起到决定作用，尤其在古代技术与交通水平都不发达的情况下，人类只能被动地适应现成的环境，环境对人类的各方面生活起决定作用，当人类利用环境的能力增强时，人类对自然环境的依赖才开始减弱。

1. 水文

首先，广阔的中国领土影响中国行政区划的层级和幅度，领土广阔必

---

① 张岱年、方克立：《中国文化概论》，北京师范大学出版社，2015，第22～23页。

然涉及在两种权力模式中选择——分权或集权，集权的结果是层级多，分权的可能结果是管理失控。[1] 其次，自古以来中国长期受黄河、长江两条河流的影响，百姓一直受到水患的困扰，韦伯、魏特夫等人认为东方如中国的治水对社会发展特别是对政治的影响是巨大的，因为要治水就面临组织化的问题，即人们只有组织起来，才能有力量和洪水进行对抗。在组织化的过程中，政府和政府权力逐渐发展起来，特别需要建立一个强大的中央政府，才能有效地调动各种资源。治水的首领和政府都需要行使最高权力，这成为东方专制主义产生的根源。[2] 虽然将"治水社会"等同于"专制社会"的研究方法在后世遭到不少人的批判和诟病，但是魏特夫的研究至少说明了治水在中国行政活动中的重要地位。抛却魏特夫的"专制社会决定论"，从中国历史上看，有记录的中国历史的确伴随着"治水"的历程，一直到今天，水利设施的建设也从未停止过。我们的祖先创建了都江堰、京杭大运河等宏伟的水利工程，"大禹治水"的传说也充分印证了"治水"在整个国家和民族中的关键地位。古往今来的统治者都面临怎样合理配置水资源、怎样防范水患、怎样泄洪的问题，虽然治水活动不乏民间力量，但更多的是一种政府活动，一种需要民众大力支持和参与的国家行为，否则治水的效果很难体现。

如此大规模的水利活动也创造了许多水利思想和治水文化，这种治水文化是中国传统整体主义思想的体现，也是中国行政文化的一部分。在治水文化中，人和自然不是一种对立关系，而是一种相伴相生的关系，人对自然不是随心所欲的征服或者没有节制的敬畏，而是顺势而为，既能满足人类需要又不破坏万物的生长规律，这体现了整体主义文化的核心——整体和部分的平衡关系，因此治水活动也是处理整体和部分关系的重要行政活动之一。"大禹治水"的成功体现了这种行政文化的雏形——只有符合社会规律、自然规律的制度与行政活动才能最大限度促进人类的经济利益、社会利益，增进公共福利。治国如治水，都需要因势利导，面对人民

---

[1]　这一观点在"行政组织结构的整体主义特征"一节已论证过。

[2]　〔美〕卡尔·魏特夫：《东方专制主义》，徐式谷等译，中国社会科学出版社，1989，第197、392页。

的意愿和诉求，要做的不是压制，而是顺应民意，疏导民怨，否则会造成矛盾激化、社会不稳。"治水文化"重视民众力量的团结一致，作为一种集体性的行政活动，民众的参与至关重要，因此，尊重民众、重视民众是治水文化的重要内涵。"治水文化"对中国的行政组织产生了一定影响。在治水文化盛行的区域延伸出一些区域性的行政组织、社会关系，政府在这些区域实施重点管理，并且动用了大量的行政力量和行政人员。魏特夫在《东方专制主义》中认为，在"治水社会"下产生了"治水文明"，而治水文明下，追求公共利益最大化需要权力集中、管理有效的政体，这样才有能力管理巨大的水利工程、进行治水活动，这种政体就是"专制政体"。虽然魏特夫的观点有些偏颇，但是从一个侧面体现了行政文化对行政体制的重大影响。

2. 地形

中国地处北半球的东亚大陆、太平洋的西海岸，东边是大海，西边是青藏高原和沙漠环境，一面临海，三面陆地，西面帕米尔高原和青藏高原将中国和西亚隔开，广大的疆域、纵深的腹地造就了中国与外部世界相对隔绝的地理环境。虽然中国传统文化曾经与中亚、西亚和南亚的文化进行过交流，但是总体上来讲，在中国数千年的文明进程中，外来的文化由于地理原因无法广泛传播。中国传统文化最终保持了自身稳定的、连续的、不曾中断的文化体系，这很大程度上归功于中国拥有一个完整、广阔、相对独立的地理环境。中国整体主义文化自成一体、具有独立风格的体统与中国这种地理环境密不可分。虽然中国历史上一直处于分裂—统一的循环之中，但"统一"一直是占主导地位的倾向和需求。虽然这种格局无数次受到挑战，但三国、东晋十六国和南北朝等分裂割据时期都没有持续太长时间，历史上，中国大多数时间处于一个王朝大一统统治下。

由于平原和丘陵占据了内地平原地区的大部分，而且资源禀赋差异不大，加上交通便利，南北往来密切，内地平原地区的经济最先兴起，并且成为中国经济政治中心的关键区域。"内地农耕社会面积达300多万平方公里，平原近百万平方公里，约占三分之一……丘陵大多谷宽丘低，偶有奇峰高耸。太行山—巫山—雪峰山一线以东属第三阶梯地形，为内地农耕社会面积中占比最大的主要地区，地形尤为低平。自北向南，依次是华北平原、长江中下游平原等大平原地带……不仅为优良的农田所在，而且便于华北平原和长江中下游平原与珠江流域的交通往来。"①

虽然我国领土广阔，土地分散，但是在经济和文化上的交流和一致为中国社会的发展提供了两大趋势：一是封闭性的地理环境使中华民族的社会关系，以及围绕社会关系产生的道德伦理和行政文化一直完整地保留下来，形成了以家族为核心的行政文化，虽然稳定但也缺乏创新；二是中国社会一直有保持统一的传统的趋势，也为君主制的形成和稳定提供了基本的地理条件。

二　经济机制

从经济角度观察，历史上中国行政组织脱胎于小农经济的温床，行政组织带有小农经济色彩，同期的西方社会是封建领主制经济，这种经济下孕育的行政文化具有较强的自主性、对抗性以及对私有财产的保护性，王权相对并不强大，而是处于弱势地位，所以欧洲没有形成强有力的、统一各国的王权力量。在中国行政文化下，农民的对抗意识较弱且分散，不能集中起来形成对皇权强有力的制约，这是中国几千年以来中央集权制形成超稳定状态的关键原因，受小农经济影响的行政文化就是一种整体主义特征明显的行政文化。首先，"小农经济"的经济主体一般是家庭作坊式，主要从事农耕生产，这样的经济单位规模小，主要目的是满足自身消费和人口再生产。其次，生产方式基本符合男耕女织的结构，小农业与小手工业相互结合，可以充分发挥剩余劳动力的作用和家庭单位的生产效率，使小农在土地相对于人口不足的情况下维持家庭生计。最后，相比佃户，自耕农因为占有土地而对国家有更强的依附关系。自耕农要承担一定的国家赋税，虽然比佃户有更多资源可以投入到手工业生产中，但是因为国家赋税的变化较大，其经济地位更不稳定，经济力量也更为单薄、孤立、有依附性，更别说联合起来以一定经济力量形成一定政治力量。

在数千年的中国历史中，小农经济存在的历史久远，影响也很深远，

---

① 谢永宽：《中国传统政治的文化解读》，博士学位论文，大连海事大学马克思主义学院，2011，第 14 页。

可以说中国的传统文化与小农经济的发展紧密相关。中国自给自足的自然经济是中国行政文化的重要根源，整体主义思想中"天人合一"的思想与小农经济相辅相成。在传统的自然经济下，农民都是"靠天吃饭"，对自然、对土地有强烈的依赖，天灾对农民的打击是致命的，再加上经济的分散性导致人们生活圈的分散性，农民的生活局限在本宗族的范围内，这些都影响人们形成知命、知足、宽容、逆来顺受的生活品格。农业生产本身的周期性使农民只要顺应四季六时，周而复始地耕作，便能得到满意的收成，这种单调、形式化的生活方式同样也使人们丧失了变革的动力。因此，小农经济下的行政文化对行政组织的影响具体表现在以下几个方面：①在整体主义文化的氛围下，行政方式更多强调中庸、阴阳调和，缺少进取心与创新性，不重视效率，只要官员在任上不出事情就算是最大的政绩。②"天人合一"的文化强调个人与自然、个人与社会的一体，在主客体结合的过程中，个人的"主体意识"被忽视，甚至被消解，个人不能以一种平等、独立的身份出现，因此在行政管理中，被管理者的"主体意识"缺失，行政管理者与被管理者自然出现一种不对等的状态。管理者拥有强大的支配社会资源的权力，被管理者依附于管理者。③当被管理者的生活目标只是填饱肚子、解决温饱时，行政管理的职能就只局限在调节社会矛盾、促进公共设施建设等方面，行政管理的政治职能被忽略。当人们生活的追求是眼前的一亩三分地时，不可能向政治系统反映政治诉求，因此行政管理的职能局限在社会职能、经济职能上面，而缺乏政治职能。④小农经济的分散性需要一种强有力、整体性的政府来举国家力量实现社会资源的整合，实施公共设施的建设，这在客观上促进了集权行政组织的形成与稳定，主观上传统的行政文化孕育和滋生了这种行政体制，而被管理者的消极与被动强化了这种集权的行政体制。

第二节　行政文化与行政行为的关联机制

行政文化指导和影响行政人员的行政行为，对行政人员的行为进行解释，特别是对内在的、稳定的、潜意识的行为进行解释，文化因素必不可少。任何理性的行为都有隐藏在背后的，应该怎么做以及为什么这么做的价值判断，但是行政文化的形成并不是突然的和偶然的，也不是先在的，而是在和行政行为的相互影响中逐渐形成的，并在一定时期内形成稳定的因素影响行政行为。组织中的个人在实现组织行为的同时也在践行某种行政文化并且强化这种行政文化，使这种文化内化成组织的一部分。对于中国的行政模式来讲，行政文化和行政组织行为之间必然有某种关联性，整体主义的行政文化虽然不是行政行为的唯一决定性因素，但是发现文化和组织之间的关联机制①对于研究中国的行政模式有重要意义。

一 行政文化对行政行为的塑造机制

影响行政行为生成的因素包括环境、制度、性格等，文化因素是行政行为生成过程中的重要力量，这一过程是渐进、缓慢、无声的，几乎没有人注意到这一过程的发生，但是人们却自然而然地跟着行政文化做出自己的选择。行政文化为行政人员提供了一个犹如水之于鱼的环境，在这个大环境下行政人员有着一定的流动性和新老交替性。老的行政人员退休和新的行政人员接替时，怎样使行政组织不出现瘫痪并且正常运转，实现权力的平稳交接至关重要，这时候行政文化的作用就体现出来。行政文化对行政人员进行的社会化过程使行政人员具有了担任这个职位必备的价值观、态度、知识、规范和技能。所以，行政人员在进入行政组织之前，并不是作为孤立的个体与行政系统隔绝开来，而是从出生以后，作为社会人时就开始了社会化的过程。在主流行政文化的影响下以及在对社会角色的学习中，形成稳定的价值观、动机、态度，而且表现出有一定共性和规律的行为。也就是说，行政文化通过影响行政人员的价值观、动机、态度从而影响行政人员的行为，使行政人员将行政角色规范内化，并且和这一群体的大多数角色在行政观念上形成一致。具体来讲包括行政文化对普通社会人的社会化，行政文化对行政人员的社会化。

1. 行政文化对普通社会人的社会化

行政人员在进入行政系统之前是普通的社会人，行政文化对普通社会

---

① 关于传统整体主义文化和行政组织之间的关联机制——科举制，在"整体主义文化下行政行为的生成"一节中有过详细论述。

人的社会化过程有两个方面。第一，行政文化决定普通社会人对行政组织的价值认同。在传统社会里，行政组织承担了大多数的社会职能，包括教育职能、经济职能、政治职能，甚至是伦理教化职能。这样一种"大政府"使普通民众将许多诉求都寄托在行政组织上，加上"家国同构"的社会形态使民众将家庭伦理等同于国家伦理。因此，判断一个行政组织的好坏不仅以是否能解决民众的生活问题、温饱问题为标准，还包括是否能在道德上代表社会的价值认同，在道德上是否能够教化人民，进而人心归一。因此，当行政组织秉持的价值观和民众的价值观一致时，即符合整体主义的价值观时，民众持支持态度；当现有的行政组织秉持的价值观和民众的价值观相反，即违反了整体主义的价值观时，民众持反对态度。第二，普通的社会人对行政系统的诉求符合行政文化的要求。例如在行政文化的影响下，普通民众对行政组织的要求体现在要求国家统一的愿望上。自古以来，中国人民都无比期望国家统一、人民安居乐业，每当遇到战争、国家的领土遭遇外敌威胁之时，总有大批的仁人志士愿意赴汤蹈火，为中华民族的统一奉献生命。

2. 行政文化对行政人员的社会化

社会化是普通的社会成员进入社会，适应社会职业的重要手段，行政人员是各行各业中的一种。这个职业在整体主义行政文化下，形成和发展出一套自身独有的职业规范和行为模式，社会对这一角色群体有独特的社会期望，刚进入行政系统的行政人员，必须首先从行政文化中学习如何扮演这一角色，并且内化成为自身的行为规范和行动意识。行政人员的社会化机制既有正面的，也有负面的，正面的社会化机制包括薪酬机制和升迁机制，负面的社会化机制包括惩戒、批评和约束机制。薪酬机制和升迁机制都是在行政人员的行为符合行政文化之时，即在日常的行为中体现出了自律、奉献、容忍、中庸等态度之时开始发挥作用，给予行政人员一定的物质奖励和晋升机会。负面的社会化机制就是在行政人员的行为违背了行政文化所倡导的价值观、态度之时，行政组织会给予行政人员一定的警告、处分甚至是惩罚，迫使行政人员重新认识或者加强对行政文化的认识，直到把行政文化内化为自身的行为规范和意识，并且帮助他真正进入行政人员的角色当中。这种双向的社会化机制可以表述为：激励—学习—

塑造—惩戒—再学习—内化的循环过程。

因此，行政文化中的整体主义特征并不是简单地体现在文化层面上，而是通过各种各样的形式融入中华民族的血脉中，体现在中华文明的每个层面，通过影响人们的内在规定性来左右每一个中国人的行动，每个中国人都在这种文化中生活并且受到这种文化的熏陶和引导。文化的影响是全方位的，不论是行政人员还是非行政人员，抑或是准备进入行政组织的人，都会受到这种文化的影响，体现这种文化影响下的意识与行为。通过行政文化对普通社会人的社会化过程和行政文化对行政人员的社会化过程，进入行政组织中的行政人员的行为会被这种行政文化所强化，不知不觉中形成固定的思考方式和行为模式，这种思考方式和行为模式使他们的行为一定程度上体现连贯性、一致性，并且使他们的一言一行都趋向于整体主义核心的价值和目标。

二　行政行为对行政文化的反馈机制

在行政行为受行政文化引导的过程中，行政行为并不是被动受到行政文化的影响，其也会对行政文化做出反馈，反馈包括强化和创新两个方面。所谓行政行为对行政文化的强化，即当行政人员在践行和验证行政文化的时候，对行政文化所倡导的价值观、行为模式以及思考方式持肯定态度时，将强化行政文化成为一个稳定的、持续的符号和意识，使之在民族和国家的文化中沉淀。这种强化使横向政府部门之间、纵向政府部门之间、行政系统和社会系统之间，形成一种共识性的、凝聚性的行为准则，进而促进行政文化在组织中沉淀、内化。

中国行政模式在形成的时候，集权和权威是重要的驱动因素。集权，是行政权力结构化的一种形式；权威，实际上是以法理替代了宗法。集权和权威对行政主体的行政行为有深刻的影响，集权导致横向与纵向之间的权力配置从下向上集中，而权威实际上蕴含了对更高领导者的服从。以清末民初的历史看，伴随着国内的农民战争，特别是在太平天国和捻军的打击下，清朝的政权已经出现了集权化的衰败，地方实力派特别是汉族军事实力派的势力不断抬头。内忧外患之际，辛亥革命前的清廷立宪改革，依旧试图以强化行政权的集中作为政权延续的关键，民国以来，军阀割据愈演愈烈，联省自治的呼声伴随着北伐的胜利而烟消云散，排除实力对比因素，民众对统一、集中的支持有重要的作用。中国共产党能够领导民主革命取得胜利，原因之一就在于在现代化进程中用更强大的集中控制和动员的行政能力实现革命资源的最优化配置，实现后发型国家的构建。

　　行政行为对行政文化的创新是指在行政人员践行行政文化的同时，当实践中出现和行政行为不一致的地方时，行政人员就会做出反应，当这种反应已经不局限于个别行政人员，而扩展到行政人员群体时，这种"集体性反应"会成为一种改变行政文化的动力，从而实现对行政文化的创新。以中国共产党行政文化中的领袖角色为例，在长期的革命战争中，党内经历了诸多的"左"的或右的错误，遭受了重大的损失，在革命斗争中毛泽东表现出了非比寻常的才干和能力，最终获得全党的认可，毛泽东在1943年成为政治局主席，随后又成为书记处的主席，并且被党内赋予了在决策上的最后决定权。主席的最后决定之权虽然在以后党的重要会议上没有重申，也没有提及，然而这成为党内行政文化中领袖崇拜的一个重要的表现。新中国成立以后在一些重大决策和判断上，随着个人崇拜的发展，尽管许多中央领导人有不同意见，但毛泽东最后决定权的强大影响力使领袖崇拜这种机制依旧成为全党的共识并左右党的政策。直到"文化大革命"带来了惨重的教训后，党内对领袖崇拜的文化及其机制逐渐产生了反思，革命战争年代，在职业革命家组成的革命党中，领袖崇拜的行政文化是在非常时期强化领袖权力、应对紧急状况、团结全党的情况下产生的，实践证明党成为执政党后，这种文化和党的科学、民主与依法执政存在冲突。党和政府经过行政实践，对行政文化进行反思，以集体领导制代替领袖决断制，相应的行政文化也从领袖崇拜转到集体领导、集体决策的民主行政文化方向上。

三　行政文化和行政行为的互动关系

　　行政行为和行政文化是互动关系，即行政文化能够影响行政行为，行政行为对行政文化做出反应并进行一定的调适。这种调适体现在两个方面，一方面是行政人员通过自身的行为印证行政文化的可行性，进而强化、稳固行政文化与行政组织的一致性；另外一方面，行政行为与行政文化出现冲突甚至相违背时，会有少量的行政人员和组织产生冲突，少数人的行为几乎不会对行政文化产生影响，只有相当一部分人认识到改变的必要性和迫切性时，才会集中力量推动行政文化的变革和进步。行政文化和行政行为处在一个交互的框架关系中。这种关系如图 5 – 1。

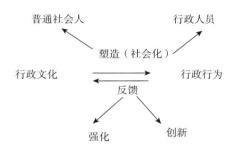

图 5 – 1　行政文化与行政行为的交互关系

　　行政文化和行政行为的关联机制体现在行政文化对行政行为的塑造和行政行为对行政文化的反馈上。行政文化将自身所蕴含的观念、精神在行政人员还未进入行政系统时就已经传达给普通的社会人员，进而影响普通社会人员是否进入行政系统以及一些基本的行为模式和思考方式。当行政人员进入行政系统内部时，行政文化更加强烈地向行政人员灌输有关的行政文化和观念，行政人员会根据自身的情况进行适当调适，以适应新的组织环境和社会职业，这个过程也是行政文化社会化的过程。行政文化通过两种社会化途径将自身的理念传达给组织中的每个行政人员，进而在精神上提高了组织运转的协调性、一致性和整体性，一定程度上为组织结构的稳定、权力的正常运作提供了一种前提与可能。

第三节　行政模式维系机制之一：激励机制

　　维系整体主义特征的行政机制包含了提升士气的激励机制、保障权力运行的保障机制、权力制约的控制机制以及进行政治动员的动员机制，通过这四个机制，中国行政模式才得以维持其基本形态并正常运行。激励机制能够保证行政主体的行为恰如其分地和行政组织、行政文化结合在一起，是行政主体融入行政组织的润滑剂和调节性机制，一种行政模式能够有效地建立并且持续运转，行政激励在每个环节中都发挥了关键性作用。中国行政模式下的行政保障机制是行政权力能够发挥作用的动力，能够集中行政权力并在重要领域充分发挥权力集中的优势，保证行政权力有效地实现社会职能、政治职能和经济职能。权力的制约至关重要，如果只有权力而没有对权力的制约，那么权力就会被滥用，只有建立对权力的制约机制，才能防止权力被滥用，更好地促进政府行使权力。本节内容介绍激励机制。

行政激励是一种激励手段或者方法，这种激励的作用在于提高行政人员的士气、鼓舞精神，提高他们的工作热情，使行政人员在一定的外部刺激下，在工作中保持一种兴奋状态并且向组织文化所倡导的价值观靠拢，有效地实现组织目标并且提高行政效率。一个稳定性极强的行政模式必然有一种成熟的行政价值观及相互作用的行政激励机制；一个优秀的行政组织必然有成熟的行政激励机制将组织人才笼络于组织周围，将人才留在组织中并且将人才的潜力发挥到最大。反之，行政人员的行政热情会被湮没，工作动力会被阻碍，行政政策无法贯彻实施，甚至行政组织也会因此瘫痪。

一　行政激励机制的整体主义特征：以道德激励为主

行政激励机制非常重要，如果没有行政激励机制，行政人员的士气就会低落，甚至人心涣散，正常的组织活动不能得到保障。可见，合理的激励机制有利于个人潜能的发挥和效率的提高，也有利于组织的整合和效能的发挥。如果不能有效地调动成员的工作积极性，就不利于提高行政效率、促进行政价值的发展。如果把激励及其机制运用到行政惯例中，行政激励机制就产生了。所谓行政激励，就是行政系统的"组织者采取有计划的措施，设置一定的外部环境，对系统成员施以正强化或负强化的信息反馈（借助一定的信息载体），引起其内部心理和思想的变化，使之产生组织者所预期的行为反应，正确、高效、持续地达到组织预定的目标"[1]。简言之，行政激励事关行政人员的士气和行政目标的达成。

---

[1]　赵振宇、田立延：《激励论——发掘人力资源的奥秘》，华夏出版社，1995，第31页。

行政激励的机制是多种多样的，总的来说可以分为思想激励机制和物质激励机制。所谓思想激励机制，就是注重精神激励，在理念、价值观、荣誉、信念等精神层面鼓励行政人员；物质激励机制则侧重于使用物质利益进行激励。思想激励和物质激励不是绝对的，很多时候两者要一起综合使用，在一定时期和条件下也会有所偏重，有时物质利益手段多一点，有时候则以思想激励为主。行政激励除了受到行政效率的目标性因素影响外，还受到行政生态环境中如行政价值、行政制度以及社会总体道德规范等因素的影响。行政价值是指行政组织、行政人员在行政活动中应该奉行的和实际行动中体现出的价值和规范，行政制度一般具有相对稳定性，制度虽然是对管理过程的规范集合，但其本身也受到了社会政治结构、经济结构和文化结构的影响和制约。因此，行政激励被制度影响进而被社会结构影响。在长期实行自然经济的传统社会里，重农抑商的政策和相应的文化带来了对物质利益的漠视，这甚至成为一种官方意识形态。行政激励在宗教盛行的国家有时候也受到宗教学说的影响，即使在没有宗教占主导地位而是多重宗教并存的国度，如中国儒家学说对社会的各种渗透并不比宗教逊色。因此，社会文化结构中的儒家因素对行政制度进而对行政激励都产生了巨大的影响，行政激励本身是一种受到很多因素制约的激励工具。

行政激励机制还可以划分为传统的行政激励机制和当代的行政激励机制。传统的行政模式形成后有一套相对完整并具有鲜明特点的激励措施和机制，即激励侧重于荣誉和道德，物质和利益激励受到压抑。侧重这种激励机制的原因是儒家学说糅合了其他学派的主张，在传统行政模式的构建中逐步成了行政意识形态的伦理内核，从而成为行政文化的重要来源，同时成为行政制度设计和行政运行规范的理论基础。因此，儒家的主张和思想在推动传统行政模式形成的同时，也为行政激励的方向定下了基调。儒家学说倡导的是仁政，孟子说的恻隐之心就是对"仁"进行的最细微的阐释，一个人有仁心，是把他和动物进行区别的根本品质和德性。从人推而到家，从家进而论国，一个君主、一个政权若不施行仁政，必将失道寡助，人民无可奈何的时候，只能是"汤武革命"，天下须由有道者居之。要实现这种仁政，统治者和管理者必须不断修身养性，树立和培养良好的德行，成为践行这种道德的模范，从而感召身边的人甚至社会大众成为楷模。这样，为官首先是为德，"以德治国，一方面统治者以身作则，注重修身勤政，政府官员也勤奋敬业，充分发挥道德的感染力；另一方面重视对百姓的道德教化，试图建立一个完美道德风尚的社会让百姓能够安居乐业"①。道德对大众的引导并不依靠强制力，先秦时期法家和儒家的做法有明显区别，相对于儒家的德治，法家则推崇法治以及法、术、势三者结合，这样统治者才能驾驭群臣，君主在臣子面前才有权威。君主独揽大权，对忠心耿耿、具有才干、做出成绩的臣子进行奖励，法家主张通过规章制度来进行行政激励。当法家被儒家取代，后者成为官方奉行的思想后，官员的奖惩制度还在完善，但是行政价值观中的倡导个人修为和德行成为主要行政激励机制。

传统的行政激励偏重于荣誉和道德激励，这一点体现在古代官员的俸禄上。以明代为例，顾炎武说"自古百官俸禄之薄，未有如此者"②。因此，明代素有"薄俸"的说法。这和朱元璋的经历有很大的关系，明太祖出身于农民，认为官员是为民做事，因此在官员的俸禄上供给非常少，有时候俸禄不是用货币发放而是以一定的实物进行折算。由于官员的俸禄实在微薄，在各种花销的压力下，对官员道德规范的引导必然失效，一些官员不能自律，于是贪污腐败，导致了目标和手段的不协调。除了汉初和宋代中后期，绝大多数时期的官员俸禄水平过低是基本的事实。另外，传统的道德激励也存在一个致命的问题，即读书人一旦通过科举进入官场，有些官员面对官场带来的异化、权力和利益的诱惑，道德伦理就成为一块遮羞布。

在当代中国，中国共产党人在长期革命战争中形成的作风是倡导勤俭，因此行政激励上也注重思想激励。从毛泽东到习近平，党和国家领导人提倡勤俭节约，反对奢靡之风。传统的行政虽然已经成了历史，但是以德治国，注重对官员和社会的道德教化已经形成了社会意识形态，并将长久发挥作用。传统思想中的提倡节俭、注重修养、重视道德等观念和共产

---

① 朱颖慧：《行政激励的理论逻辑与实践范式》，博士学位论文，武汉理工大学文法学院，2013，第 28 页。

② （明）顾炎武：《日知录集释·俸禄》，中华书局，1984，第 6 页。

主义的信仰相契合。共产主义的伟大理想需要几代人的艰苦奋斗才能实现，如果丧失这种理想和信念，无论生活多么富裕、经济水平多么发达都不是共产主义发展的正确方向，所以，共产主义理想是教育和引导人民群众的重要内容。在组织工作中，党非常重视作风建设，形成了党员发挥模范带头作用、群众路线、艰苦奋斗等一系列优良的作风，这些作风在党政机关深深扎根。新中国成立以来，对党政机关工作人员的激励基本不以物质激励为主，这体现在公务员工资总体水平低方面。2008 年以来公务员特别是基层公务员的工资水平并不高。普遍偏低的工资水平缺乏竞争性和激励性，导致一些公务员出现权力寻租的问题。由此可见，重视思想教育、精神激励虽然和意识形态、行政价值以及传统思想非常契合，但如果物质激励长期不足，还是会滋生腐败问题。腐败产生的原因很多，并非高薪就能养廉，但是高薪在一定程度上可以减少某些犯罪分子的贪腐动机，也能够激励很多公务人员爱岗敬业。20 世纪 90 年代以来，国家进行过公务员工资改革，通过津贴补助、绩效考核等诸多方式调节这一矛盾，不过这样的调节一则相对滞后，二则全局性的调节要考虑诸多实际因素，力度和效果难以完全达到目的，因此，公务员的行政激励机制尚需完善。

二　行政激励机制对行政模式的维系

行政激励具有一定的规则，即奖励是如何产生的、如何分配的，这样才能引导行政人员的行为、影响他们的观念，[1] 正是激励机制才能最大程度调动和维系公务员，促使公务员实现行政目标。[2] 本书认为，在中国的行政模式中，行政激励机制是一种可以激发行政主体工作潜力和调动积极性的，道德上的、制度上的、组织上的手段和方法的总和，激励的结果是顺利完成行政组织的各项目标。由此可见，中国行政模式下的行政激励包括制度激励、组织激励和道德激励三个方面。制度激励包括职务升迁制度、奖惩制度和绩效考核制度；组织激励包括个体激励、领导激励和群体激励；核心激励机制是道德激励，道德激励是中国行政模式整体主义特征

---

[1]　齐明山：《试论国家公务员的激励机制》，《新视野》2001 年第 1 期，第 49 ~ 51 页。

[2]　蒋硕亮：《国家公务员激励机制研究》，《中国行政管理》2003 年第 6 期，第 24 页。

的重要表现。道德激励是通过道德伦理的外部评价和内部约束使行政人员在社会中实现自身价值，获得工作成就感和满足感，以达到组织目的、提高行政效率。

道德激励机制对行政模式的维系作用体现在以下几个方面。首先，道德对组织成员的激励可以形成稳定的心理追求。不同的人怀着不同的动机和目的加入不同的行政组织。有的人对组织有强烈的物质需求，期望通过这一职业改变自己的生活状态和物质水平；有些人希望通过组织得到更高的社会地位和其他社会成员的社会认可；有些人希望在行政组织中实现自己的人生价值和社会理想。行政组织的道德激励为行政人员提供了一个侧重社会评价的组织环境，这个组织吸引很多为实现理想和人生价值的人加入进来，这样一来，组织文化和行政人员价值观念一致，通过其他监督和考评机制，可以将更多不适合组织文化的人员淘汰出去，实现行政组织的净化和流动。这种通过整体主义价值观或者说是行政文化联结在一起的行政人员和行政组织有着积极发展的动力和向上的发展状态，使中国的行政模式得以稳定地延续。其次，和物质激励相比，道德伦理评价对行政人员产生的激励作用更为持久和稳定。通过价值和文化联结的组织和个人有着极强的生命力，能够为组织提供核心的竞争力和发展动力，这些都为组织的存在和发展提供了极强的稳定性和持久性，但是这种稳定性和持久性也有可能异化成组织的惰性而阻碍组织的进一步发展。最后，道德激励与行政文化相吻合，两者相互作用，促进行政权力的稳定运行和行政组织的稳固。道德激励和行政文化的一致性表现在：行政文化要求行政人员站在更高的精神境界上并放弃个人利益和需求来实现社会和国家的进步，并以此来评价行政人员的态度和行为，行政人员会不自觉地在活动中遵循这种原则并内化为自身的观念和行为，当行政模式通过整体主义文化的核心价值关联个人时，有助于促进行政模式稳定。

第四节　行政模式维系机制之二：保障机制

中国行政模式的形成和中央集权国家的形成过程一致。所以，集权是其最主要特征。可以说，中国行政模式下的政府是一种主导型政府，即政府主导社会和国家的发展。

一　行政保障机制的表现形式

主导型政府对社会的主导体现在两个方面，一个是行政对社会价值的维护，另一个是行政对社会公共事务的最大化介入。

1. 行政对社会价值的维护

行政之所以能对社会价值起到维护作用，和主导型政府的职能与权力有关。社会价值是一个多面的、丰富的、立体的内容，这里行政所维护的社会价值，是政府认可和推动的主要社会价值内容及其取向。如古代"重农抑商"的思想是行政对社会价值维护的结果，商鞅变法时就已经施行重农抑商，即使是在公认的商业经济比较发达的宋代，主流士大夫依旧提倡向商人征税、抑制商业，尽可能维护农民利益，保持农耕生产的稳定。"重农抑商"政策形成了对社会基本价值的一种导向，这种思想的影响深远，甚至在今天，还有重农抑商的思想存在，表现为一些人对商品经济、市场经济的抵触。主导型政府的职能不同于一般意义上的政府。主导型政府的职能已经不是简单的维护社会秩序、保卫国家领土主权等一些基本职能，而是政府在社会和国家的发展上，以政治性、行政性的因素和力量取代一般的市场和社会机制而成为推动发展的首要机制。因此，主导型政府的职能包含了对国家、社会发展的关键计划、控制与导向，主导型政府职能的重要组成部分即对社会发展的全面引导，政府不仅充当"守夜人"的角色，政府通过行政对社会价值的理念、内容和形式的引导也能起到规范全社会各阶层行为，发挥推动社会发展的发动机和催化剂的作用。

行政对社会价值的维护还源于主导型政府的权力配置。在政府的权力配置上，主导型政府是一种相对比较特殊的政府类型，即政府拥有的行政权力受到较少的限制，这种限制一般指法理限制、传统限制或者其他因素。法理限制是政府在三权分立的格局中，行政权力受到了立法、司法等其他权力的严格限制，行政权力不是一权独大，而是受到有效制约；传统限制是一种政府及其权力受到传统因素的影响，如传统政治文化主张限制政府权力，政府行政权力即使没有受到其他权力的干涉也很少介入社会生活，政府本身维持着有限的职能。此外，也会有宗教因素、战乱因素对政府行政权力进行限制，导致国家和政府权威扫地，政府的权力名存实亡。主导型政府一般不存在上述限制。正是行政权力配置在国家总权力格局中占据优势地位，政府在行政过程中才能最大限度地发挥行政主导作用。行政权的优势使得政府在行政中对政府职能的发挥，对社会进行引导和塑造更为得心应手，而这其中就包括对社会价值的维护。

2. 行政对公共事务的最大化介入

除了对价值的长期引导，整体主义行政对社会各方面生活也进行了最大程度的介入和管理，中国传统社会里政府对社会生活的介入程度超出了同时代的其他国家。在道德行政的推动下，社会保障方面的行政行为在中国古代政府的活动中很常见，而欧洲在公元 6 世纪罗马城邦时代才开始出现类似行政活动。一些朝代建立的粮仓不仅可以调节粮食价格，需要的时候也可以进行赈灾，有的朝代对弃婴的养育也有所安排，特别是宋代，一些本身没有慈善救济职能的政府机构经常加入到相关工作中。虽然这种管理和服务水平不能和今天相比，但却是政府活动主导社会公共服务的有力证明。

从秦汉一直到民国时期，政府的行政权威只延伸到县，更广大的农村乡镇是依靠世俗、宗族和士绅阶层，而不是国家的行政力量进行法理上的统治和管理。1949 年新中国政府的行政控制力下沉到了县乡，在村里也建立起以村党支部和村委会为主的有效权力机构，实现行政权力向农村和乡镇一级的扩展。从社会的发展上看，中央政府通过制定长短期的发展规划来主导社会发展。为了实现从农业国到工业国的转变，同时实现从新民主主义向社会主义的过渡，中国共产党领导的政府一方面进行计划经济，一方面设定发展计划。政府有组织、有计划地指导社会、经济、文化以及其他事业的发展。以第一个五年计划为例，"一五"计划侧重于工业特别是重工业的建设，先后进行了 150 多项的工业项目，其中的许多项目在今天依旧是支柱项目。在改革开放前，中国是典型的单位制社会，国家与社会的关系是国家支配社会，个人从出生到死亡都无法和政府、单位脱离关系。20 世纪 80 年代以来，随着改革开放的深入，一方面政府的行政管理从一些领域逐渐撤出；另一方面，行政活动又覆盖到了更广的空间。因此，总体上看，依旧是行政主导社会和国家的发展。影响新中国成立后行政对公共事务的最大化介入的重要因素有两个。第一是党在构建现代国家中起到重要作用。近代欧洲主要民族国家的形成是一种自发的秩序推进过程，鸦片战争后中国被迫加入了西方主导的现代化进程，旧有的社会势力无法主导这一进程，因此近代以来，只有在党的领导下才能完成从民族国家向政党国家的转换。第二是由于中国的民族国家建构是借助政党的力量实现的，故而"以党建国"之党成为执掌国家权力的政党，进而"以党治国"之党就具有了不言而喻的历史合理性。党执政后形成了中国特有的行政制度、体制和机制，中国共产党作为执政党嵌入到了行政的各个环节之中，相应的，党的诉求和宗旨也需要借助行政作为表达和执行的途径。因此，行政必然会对公共事务有最大化的介入，这是由党政体制的特点决定的。

二　行政保障机制对行政模式的维系

政府职能反映了政府要做什么、需要做什么，表现了公众对政府的需求和其价值。经济职能为社会发展提供一定的物质基础，社会职能维持社会的基本稳定和政治秩序，政治职能实现公权力的权威，文化职能实现社会成员对政府的认同感并且提高政府的公信力和合法性。对西方国家而言，关于政府职能的理论经历了很多年的发展，从刚开始的"重商主义政府"到"有限政府理论"，以及后来的"政府干预理论"和"政府再造理论"，无论哪一种理论都和现实状况相联系，是一种政府实践在理论上的反映。中国行政在实践中是一种整体主义倡导下的全面、彻底的政府职能，这体现在两个方面。一方面是政府职能的纵向延伸程度。和很多西方国家还在政府职能多少问题上徘徊相比，中国的经济、文化、公民的精神层面都被纳入中国政府职能的范围中。另一方面体现在行政职能涉及的广度上。政府建立了自上而下的严谨的控制体系，从中央到地方，政府的控制建立在一个宽广、周密的行政网之上，上至最高管理者，下到普通百姓都被纳入这个网络中。

为了维持广泛的行政职能和层级繁多的行政网，行政权力不得不扩大，形成主导社会方方面面、涉及社会上下各阶层，并且和每个人的物质、精神生活都息息相关的"主导型政府"。主导型政府是中国行政模式正常运作的保障机制。①主导型政府积极引导社会的发展。在政府和社会权力分配的格局中，政府占据主导地位。因此，"政府主导"的原则是政府在面临较大的社会问题时所采取的原则和倾向，即政府手中掌握很大的行政权力，调动社会各方面的经济、物质、人力资源去组织经济建设，推动社会发展。在中国这样一个国情复杂的国家中，"政府主导"的原则的确能够在国家面临危机的时候，拯救一个民族的命运以及在一段时期内集中力量进行社会变革。但是，"主导"原则的弊端就是，在特殊的时期过去后，政府很难再像之前那样保持很强的动力，出现一种"再而衰，三而竭"的现象。②主导型政府保障行政权力正常运行。由于政府承担多方面的职能，整体主义下的政府有极强的组织和协调能力保障社会各个方面的活动正常进行，保障行政模式正常运作。③主导型政府是保障普通公民权益实现的重要途径。在传统的整体主义文化下，普通公民作为社会个体，很多公共利益依靠个人力量无法实现，社会的其他组织又无法或者没有能力、没有资格承担一些公共职能。所以公共利益很大程度上依靠政府来实现，普通公民对行政组织有很强的依赖性。当公民的切身利益受到侵害时，第一时间想到的是政府，政府官员的形象也被神圣化。因此，政府职能的保障机制对行政模式的维系体现在以下几个方面。第一，保障机制是行政文化的重要体现。第二，保障机制是行政模式得以运行的动力。权力也是行政组织成员的一种追求目标，即行政组织和行政人员都要保持一定的行政权力，很难想象一个没有任何权力、没有任何约束力的行政组织的存在，保障机制的关键作用就是对权力的制约，在保障机制的作用下，行政权力才能集中力量实现政府职能。

第五节　行政模式维系机制之三：控制机制

整体主义之下的行政活动不仅以内部控制为导向，也以外部控制为导向。就组织层面而言，任何组织都是按照一定的规则建立起来的，组织的正常运转依赖于组织内成员之间达成一定的规则与制度并遵守相应的运行规范，否则组织就会陷入无尽的冲突，最后导致组织涣散甚至解体，无法完成组织目标和任务。行政组织本身肩负着提供相应的管理与服务的职能，涉及的公共权力总是和实现一定的公共目标相联系。

整体主义之下的行政组织本身具有内在和外在两种权威，相应的，组织有内部和外部两种控制方向。无论多么复杂的组织结构，都要在相应的权威基础上，借助科学合理的组织结构、组织制度实现治理，建立起有效的服从与控制机制。对中国来讲，内部控制是一种对行政组织的"关系控制"，具体体现在对"中央和地方的关系"以及其他"上下层级"的控制。外部控制是公权力对传统行政事务范围外的公共事务，甚至私人领域的事务的控制。外部控制的形成一方面受到长久以来的民族性格以及整体主义观念的影响，另一方面也是中国行政模式发展的必然结果。

一　行政控制机制：内外部控制

社会以家庭为单位，中国人很长时间以来都把问题集中在家庭之中解决，对于公共事务则没有什么概念，也没有意识去关心，更缺乏一定的公共生活。所以梁漱溟认为中国人没有什么组织能力，中国人"或者受人支配做个顺民；或者让他做主，众人都依他的。独于彼此商量大家合作，他却不会"[①]。因而中国的地方自治是衰弱的、不发达的。这种不发达体现在两个方面：一是中国在乡一级有以家族统治为基础，以互助精神为表现的自治组织，但是在市一级却没有；二是中国自治体的权限、地区、大小、名称变化无数，因而常常和官治混淆，这都源于地方自治没有稳固的根基。[②] 因此，个人的无组织状态推动了政府外部控制力的提升。抛却历史的角度不谈，现代社会下如果中央没有相应的权力和资源就难以统筹和协调地方发展，当今行政模式面临的诸多现实国情需要中央政府进行内外部控制。加之中国政府的行政控制由一定的政府属性、党和国家机关的组织原则等来规范组织自身，而且这种内化的规范已经在国家和社会层面形成基础与支配地位。

如果用整体主义方法来分析控制机制，那么所谓"控制机制"就是指为了达到系统或组织的目的而采取一定的手段使组织或系统的各个部分能够有效地运行。在一个固定的系统中，控制机制出现了问题，系统的其他部分都会出现不稳定或者失控的状态。任何一个系统都在一定的环境下运

---

① 梁漱溟：《中国文化要义》，上海人民出版社，2011，第66页。
② 梁漱溟：《中国文化要义》，上海人民出版社，2011，第69~71页。

行，环境对系统的运行有着关键影响，并且通过影响整个系统的组成部分进而影响整个系统。中国的行政模式是一个复杂而开放的行政系统，这个系统由很多具体的要素构成。在中国行政模式下，控制机制的作用就是保证行政模式各个部分保持正常运转，控制机制对行政系统的作用体现在两个方面：一是对行政系统的内部各要素实现控制；二是通过客观的环境要素影响系统组成部分。前者称为行政模式的内部控制机制，后者称为行政模式的外部控制机制。

1. 内部控制机制

中国行政模式下的内部控制是通过对行政组织、行政人员、行政制度的控制来实现的。对行政组织的控制体现在对行政组织的多层级控制上，行政权力通过行政组织一级一级向上集中，每一级的行政层级上几乎有着同中央一样的职能部门。控制机制通过行政文化的灌输来实现，无论是古代的科举考试制度还是现代的公务员录用考试，其考试内容都融合了实现控制而必备的思想理论，通过这些思想理论的宣传和教化，行政人员都在不同程度上被行政文化同化。行政制度上的控制机制是巡视督察，体现在古代使职的设立和现在的巡视督察制度上。巡视督察制度在一定程度上防止了组织内部的权力滥用，纠正了行政人员思想和行为上与行政文化的偏差。

2. 外部控制机制

中国行政模式的形成和确立与这一模式存在的环境密切相关，这一模式是在中国整体主义文化下孕育而成的。整体主义文化下的外部控制机制包括对市场经济的控制和对社会成员文化上的控制。关于行政和市场的关系，西方学者进行过丰富的讨论，政府对市场到底干预多少合适？西方在无数的实践中重新对政府角色进行定位，但可以肯定的是不管是对市场自由放任还是对市场过度干预都是错误的。在中国的历史中，长时间的小农经济和重农抑商的市场氛围对现代产业结构和政府的角色定位有一定影响。在古代，政府在经济活动中有举足轻重的地位，无论是水利设施的建设还是互市的形成都离不开政府主导。在今天社会主义经济条件下，政府依旧对经济领域保持着相对较大的控制，虽然改革开放后有了一些改变。此外，行政文化和社会文化在价值观上的一致性使行政系统可以通过控制行政文化进而控制社会文化。这种文化上的控制机制能够减少行政政策的执行阻力，加强社会成员的凝聚力和目标的一致性。

　　对于一个行政组织而言，如果内部控制出现了问题，特别是制度控制大幅度下降或者组织控制名存实亡，那么，整个行政系统就失去了赖以存在的基础，社会失去了运转的动力，带来的是社会的无政府状态，在历史上表现为王朝的覆灭。外部控制中的文化控制是行政系统赖以存在的精神核心，有了文化控制的支持，在行政管理中可以大大缩短行政行为—行政反馈—行政反应的过程。这种关系如图 5 - 2 所示，可以看到，在行政模式中，组织控制和制度控制是整个控制机制的基础，而经济控制和文化控制处于系统的外围。整个系统中，各个机制相互作用，互相协调，保证了行政模式的正常运作与政策的顺利执行。

行政模式

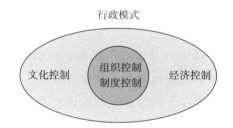

图 5 - 2　行政模式中各控制机制的关系

　　控制力在内外部的加强，一方面有助于组织完成目标和战略，另一方面有助于提升控制力，其后果是形成了用控制作为解决办法的路径依赖，容易形成所谓的控制悖论，即组织的控制导向导致组织运行中的控制与反控制的轮番升级，就是一些学者担忧的"社会治理和组织管理……沿着加强控制、改善控制方式的思路去寻求更好的方案"[1]。因此，"作为行动系统的组织而言，每时每刻都必须将行动建立在对环境的认知基础上"[2]。这种控制悖论的确反映了以内外部控制为导向的行政活动的弊端。如果从组织的自利倾向上看，控制作为一种更容易实现利益的目标手段，频繁运用不需要付出太多的代价和成本的时候，就容易形成一种惯性。特别是在现代科层制下，行政组织如果面对问题，动辄单纯地、机械地施加控制，未必

---

[1]　张康之：《论组织运行中的控制悖论》，《浙江社会科学》2013 年第 6 期，第 51 页。
[2]　张康之：《论组织运行中的控制悖论》，《浙江社会科学》2013 年第 6 期，第 52 页。

是一种最佳的选择。从这个角度而言，对控制悖论的担忧是有一定道理的。

　　然而在中国，对控制悖论的担忧不能作为否定内外部控制的充分理由。行政被认为经历了一个从统治到管理，再从管理到服务的过程。随着治理理论的兴起，善治被认为是达到了一种最佳化的治理，在这种治理模式下，政府与社会组织的合作构成了一种多中心的网络格局。但政府的作用依旧是无法替代的，即使是两个社会组织之间的合作也需要政府以一种监督者的身份出现，否则，争议就无法得到解决。所以，"控制悖论"的解决需要推动行政组织实现自身的变革，而要实现变革就要使行政组织的构成与运作发生根本性的改变，然而这都是由内外部控制的力度和效果决定的。

二　整体主义视角下对内外部控制机制的评价

　　认识和评价这种行政的内外部控制机制，不能简单地进行中西对比，而是应该以中国情境为准则进行考量。就学科而言，公共行政或者行政管理起源于西方，西方国家在学科建设和理论研究上也取得了很多成果，如果照搬西方的理论指导研究中国的实际问题很容易出现错误的判断。所以，评价标准中必须引入中国情境。①民众已经在相应的文化、思想、意识以及信念上形成对内外部控制机制的依赖。换而言之，在理论观察时需要引入群体的心理和意识。观念中的制度或许可以通过某种强制的方式进行建立，而现实中的制度必然是建立在群体意识和感情上的。这样，群体的意识及其需要也成为判断控制导向的重要因素。在长期以来的整体主义文化下，公共政府的构建不是一个纯理论问题，政府与社会的关系并非单纯的对立，而是一种融合，政府的合法性包括政府的参与性、政府的控制机制都能在群体中找到中国式的表现形式。②在更为广阔的视野中评价内外部控制机制。第二次世界大战后，现代化、全球化等已经成为基本趋势，但是现代化的标准是一个值得深入探讨的问题，其中可以肯定的是现代化标准和西方标准不能等同。如果西方发达国家的标准成了现代化的标准，那么实际上就是西化，而西化并不能代表现代化的全部价值，何况西方国家社会里也出现了向东方学习和交流的趋势，这充分说明西方标准不是唯一。因此，对于在发展道路上遇到诸多困难的中国，内外部的控制机制有助于在多元化的冲击下，保持一种行政制度和文化的稳定性，这种稳定并非排斥改革，而是在行政体制内部和体制外部形成一种最大程度的价值与道德共识，这种共识有利于保持正确的改革方向，同时也不失为一种更广泛的治理理念。

第六节　行政模式维系机制之四：动员机制

中国的行政历史和中国文化一样源远流长，并形成了很多鲜明特点，其中动员机制作为中国行政模式的重要内生路径，一直推动着中国行政在体制和形态上进行变革。所谓动员机制，即在中国行政模式中，行政体制和形态的变革主要由掌握政权或者权力的政党、团体及个人，以目标为导向，依靠严密的组织力量，自上而下地进行行政变革，以权威变革者为中心借助组织调整、冲击，甚至重构行政体制和形态以达到变革目的。在政府职能转变、社会大转型时期，研究这种动员机制的特点、影响作用和未来走向，具有现实意义。

一　动员机制的构成与特点

"动员"是一定时间内，针对某项任务或者目标，对特定群体的发动与组织，是一项非常规的发起形式，如战争动员、革命动员、建设动员等。"动员"这个词在20世纪以来的中国有很重要的意义，近代中国，社会结构相对弥散，只能借助于一定的组织进行动员才能有效集中。这种动员机制形成后，既是行政体制、行政形态的变革动力，也是塑造行政体制的重要力量，是一种内生性维持动力。动员机制不仅弥补技术管理的缺失，而且成了一种行政模式内在的成长与维系机制，这和动员机制的构成与特点密切相关。

1. 动员机制的构成

本节研究了中国行政模式里的动员机制，其构成包括发动者和被动员主体。发动者是执政党的最高领导阶层，而被动员主体则是各级党政部门和组成人员。把党的机构和人员纳入其中是基于政府过程的视角，也是党作为领导核心的现实反应，这就是"现实政府"对"理想政府"的修正。

"理想政府"是法律层面的,而"现实政府"是指一个特定国家中实际发挥作用的那个实在的政府,依据法律存在但是又存在一定程度的"偏离"。①党政部门职能有所区别,但是决策权是最重要的行政管理权,这一权力以政党为中心掌握和展开,因此本节正是从现实的角度出发,政党也成为动员机制的重要组织者。

2. 动员机制的构成形式

动员机制在过去、现在产生了强大的影响力,因而成为革命者和执政者巨大的选择偏好,演变成自我强化和自我积累的重要工具,是中国行政模式下一种反复以执政党进行动员的重要的工具性解决方案。

动员机制的形式主要是两种,以对象进行区分。一是行政模式内的动员,对象主要是党政机关及其组成人员。二是行政对社会的动员。这种动员又可以细分为两个层次,第一是对行政中心外围组织的动员,包括了企事业单位和一定的社会组织等;第二是对社会民众的动员。动员一般是最大范围和强度的动员,不一定完全针对诸如战争等问题,改革开放以来,动员的强度和范围有所下降,反映了国家与社会、政府与社会的分野扩大的趋势。

3. 动员机制的特点

(1)历史惯性

本节认为动员机制有两个历史惯性,一是中国历史,二是鸦片战争以来的历史。秦较早实行了郡县制,国家行政体系由此能够进行更广泛的动员。秦统一后推行郡县制构建了层层结构严密的行政体系,形成了高度的中央集权,主导了中国 2000 多年来的行政权力结构发展主线,为动员依赖提供了深厚历史基础。近代中国从王朝向民族国家的转变过程中,由于借助暴力革命而不是温和改良,并且面临多次严重外患,这种形势下集中比分权更能组织民众调动资源,政权巩固和国家重建也是如此。中国共产党一定程度上能够战胜国民党,原因就是前者的动员更有效率。

(2)周期性

动员机制在中国行政体系中,如同钟摆一样反复运行,呈现比较明显

① 朱光磊:《当代中国政府过程》,天津人民出版社,2008,第 12 页。

的周期性特征。周期性特征主要是由下列因素引起的：一是中国行政体系惯有的效能扩张收缩，即行政机构、职能在精简和膨胀之间的反复。新中国成立以来，除了"文革"时期，几乎每 5 年左右就要进行一次机构调整，缓和中国特色社会主义建设所面临的外在压力与政府机构本身存在的内在冲突[①]。二是中国行政体制与经济社会发展之间的同步和修正，尤其是计划经济向市场经济转变后，赋予了行政系统新的职能。三是行政体系改革的合法性首要在于维护中央权威，也必须借助中央权威进行，中央权威的形成和交替是有规律性的，每一代领导核心面临的任务重心和使命也有区别，因此动员也随着领导层的更替出现相应的周期性。

二 动员机制对行政模式的影响作用

1. 塑造了服从权威和道德的行政文化

新中国成立以来中国共产党领导的中国政府的行政文化实质上是两种行政文化的混合，一种是无产阶级革命政党文化，一种是传统中国社会固有的行政文化，这两种文化在中国语境和历史土壤中有其结合共通的地方，即为人民服务和民本思想的融合。在这种宏观文化下，动员机制也影响了对行政文化的塑造，主要体现为行政体系变革的法理性基础不强或者滞后，行政文化权威、道德与服从的因素较为突出，原因是动员的前提就是服从权威，而权威在政治语境中一般也是道德的代表。

2. 强化行政层级控制

中国行政层级从中央到地方有 5 级，中央—省—市—县—乡，行政层级过于庞大臃肿，恰恰产生了行政动员的需要。动员由中央权威自上而下进行，严密的组织基础为动员提供了条件。在革命战争年代，供给压力的存在一定程度上抑制了组织的扩张，而新中国成立后随着财政供养能力的增强和政府职能的扩张，行政层级迅速膨胀，加之自上而下的动员传导系统严密有力，大大增强了动员的效果，如果权力是分散的，动员本身的效能就会大打折扣。

---

① 申坤、穆江峰：《中国政府机构改革 60 年的历史变迁与思考》，《河北青年管理干部学院学报》2012 年第 3 期，第 29~34 页。

3. 弱化行政改革动力

动员依赖路径形成后，对整个行政系统的各个方面产生了比较强烈的影响。动员不仅体现在行政机构改革中的组织行为上，也体现在行政重视功能而轻视效率上，这是因为动员导向本身是对效率低下的一种非常规修正，而这种修正成为长期规则后，会弱化改革的动力。2015 年以来的政府金融治理形成了两次动员治理，一是股灾发生后，从金融监管部门到公安部门都进行各种救市，而暴跌发生前欠缺系统性的预防和监管，最后成了运动式救市。仅仅 1 年后，2016 年底中央经济工作会议就提出了要防范金融风险，到了 2017 年才突然进行集中整顿，各项政策密集出台，动员型的整顿又导致金融市场价格的大动荡，官媒持续发文试图加强预期管理。这就是行政内部改革动力弱化的结果，职能部门并没有主动积极地进行前置干预和管理，也缺乏联动，最后还是由高层进行动员解决。

三　新时期动员机制的发展和挑战

1. 动员机制与新时期行政目标的调和冲突

实现国家治理体系及能力的现代化，是中国政府行政发展的长远目标，治理体系及能力的现代化，虽然不是完全照搬西方标准，但是评价政府施政能力的一些共同标准，如民主、法治、廉洁等都需要深化政府内部的治理机制，这和动员机制既有调和也有冲突。所谓调和，即改革的难点、重点问题可以借助动员实现突破，尤其是当改革权威试图和决心打破既有的利益藩篱，或者重大决策需要打破既有的法理层面的束缚的时候，动员在一定程度上可以发挥正面的作用。冲突则是一个政府行政体系如果始终频繁地借助和依赖动员形式，就会缺乏内在的稳定性而变得激进。以英法政治发展看，英国自光荣革命以来施行的是渐进主义改良路线，而法国自大革命以来在政治和行政上都较为激进，相比英国，法国总体发展受到拖累。

2. 动员机制的基础没有削弱

中国当前处于较长时间的战略转型期，经济转型一定程度上领先于政治改革，而政治改革成功与否决定着最终转型的成败，对于执政党而言，目标是实现从革命党向执政党的转变，对于政府而言，目标是从全能型政府向有限责任政府转变。在这个过程中，中国共产党作为执政党始终发挥着独一无二的作用。由于中国的民族国家建构是借助政党精英的力量实现的，故而"以党建国"之党成为执掌国家权力的全能政党。[①] 在民族解放的过程中，政党是现代国家的重要孵化器，建设时期政党则是最核心的组织者和领导者，特别是十八大以来，党的建设不断加强，转型期动员这一最重要的基础并没削弱。

3. 动员机制的对象和路径发生改变

动员机制的基础没有改变，不过动员的对象和路径还是发生了一定改变。一是除了党政结构和人员外，动员的对象还集中在党能直接领导的行政组织和与之相关的外围组织中，如各种国有企业、事业单位、体制内力量构成的社会组织，它们可以直接或者间接地承担一定的政府行政职能，它们和工、青、妇等各种组织，一起成为动员对象。在计划经济时代，民众也成为行政的直接动员对象，不过随着社会阶层的分化，今天动员已经难以直接作用于人民群众。二是动员的路径发生改变，必须越来越多地借助于法理和内部规矩进行，而不同于以往的动员可以采取较极端的方式。

四　动员机制的前景分析

1. 转型期动员机制仍会发生作用

动员机制既然形成，基础也没有遭到严重的削弱，作为执政党和政府的一种内部运动式治理方式，在一定时期内不会被抛弃，原因有三。首先，从中央到地方的双向信息机制依旧不完全通畅。中央决策层可以通过各种途径了解地方动向，但基层对中央动向的了解有限。在权责同构的情况下，这种不顺畅有时候必须使中央以动员的形式集中起行政系统内的意志和力量。其次，转型期是长期的，同时也是危机挑战并存的阶段，一旦发生系统性危机或者遭遇重大挑战，动员也是一种应对的方式。最后，中央和地方在分权和利益驱动上存在的博弈也强化了中央政府对动员机制的路径依赖。

[①]　任剑涛：《从政党国家到民族国家：政党改革与中国政治现代化》，《江苏行政学院学报》2013 年第 3 期，第 68~79 页。

2. 动员机制的边际成本推演：越来越高

随着改革的深入发展，以及社会转型的整体趋势，尤其是在全球经济社会发展步入一个新的阶段后，世界的发展需要中国，中国发展也离不开国际市场，这种作用是双重的，会有更多内外因素成为中国前进的重要影响因子。中国政府在发展的同时，需要更积极处理好对外问题，政府自我行为的边际将受到更大压力。以2017年的金融去杠杆治理来看，典型的集中动员承受了美国巨大的加息、减税、缩表等带来的压力，不过这种动员整顿，带来金融市场的极大波动，财富缩水，激发矛盾，甚至会诱发其他风险。与此同时，社会阶层的分化还在继续，新兴群体不断增加，在全球化时代，一定群体的国别色彩有淡化趋势，哪里的制度和环境更安全，哪里更有利于个体的发展，将更加吸引新兴群体。可以预期，民众既希望能有更多的发展机会，同时也希望有更明确的预期，一个较少依赖动员的政府比频繁使用动员的政府更符合民众预期。由此可见，动员机制的成本将会越来越高。

3. 动员机制逐步让位于法权治理

对于党和政府来说，动员机制发挥过正面的作用，在特殊的历史时期和阶段任务面前，动员是一段时间内迅速实现突破和取得成效的重要手段。作为一种非常规的手段，动员毕竟是一种权威的集中释放，频繁使用动员是一种非常态的权威运用，可以理解为在体制机制内正常的程序和方式已经无法达成目标的情况下，才会使用非常规手段。动员的不慎或者不当使用，会造成严重的后果，同时，动员限制了效率的提升空间，所以从长远看，频繁使用动员机会损害权威。作为一种工具，动员往往能突破许多边界，如果从提高效率的体制机制着手，则是一个相对漫长的利益讨论、让渡与妥协的过程，在没有有效的监督和外部压力的情况下，这种相对精细打磨的自我改革之路明显动力不足，而唯有更有效的政府才能驱动改革，从有效性阶段目标开始，不断实现行政改革突破，法权治理是取代动员机制的最佳选择。以法治为最高目标，把国家治理体系及能力完全纳入法治系统中来，将权力关进制度的笼子里，崇尚法治，才能明确责任，义务与权责对等，倒逼政府改革，改变一抓就死、一放就乱的管理局面，使动员这种方式真正回归到应有的本位。

研究总结和展望

一　研究总结

中国行政模式的研究只有在借鉴西方公共管理理论的基础上，提出和发展具有本国特色的行政模式理论，才能更好地指导行政管理实践，推动行政管理改革，这已经成为学界共识。很多学者也在行政模式的建构研究上进行了诸多有益的探索，提出了很多值得肯定的观点和建议。因此在已有的研究基础上，本书立足于中国传统的历史和文化来发掘行政模式中深层次的影响因素，从整体主义的视角对中国行政模式的建构进行了一次尝试性的理论探索。

中国行政模式的建立伴随着民族国家的形成，儒家学说主导下的整体主义思想奠定了行政模式的价值基调。在以后的历史以及现代社会中，虽然行政生态环境的变化引发了很多次行政模式的内在调试，但总体来讲，中国的行政模式是整体主义引导下的行政模式，是政府和社会成员基于整体主义价值理念构成的一个共同体。本书将行政模式划分为行政文化、行政组织、行政行为、行政机制四个部分，进而分析每个部分的整体主义特征以及相互联系。行政文化是行政模式中的深层次因素，它在形成和确立之后对行政模式的影响是持久的和深刻的，本书将行政文化中的整体主义特征提炼出来并以此为视角展开研究。传统的整体主义文化以关系本体论为前提，即从个体和整体的关系出发研究个体的性质、作用和功能，整体的作用大于个体，个体的作用和地位被弱化了。道德是调节个体和整体关系的因素，也是在互动关系中消解个体的因素。整体主义作为一种价值观折射在中国的行政文化上，体现为行政理念、行政方式上有很强的道德语气，对行政主体有很高的道德要求。行政组织和行政主体成为整个社会道德的代表者和践行者，行政客体在道德氛围下对行政主体和行政组织有很强的依附性。

行政组织在较长的历史时期内体现较为静止的状态，它的稳定性为直观地描述行政组织的权力形态提供了方便。中国的行政组织从结构和体制上体现层级繁多和中央集权两个特征，这是多种复杂因素共同作用的结果，同时也是整体主义文化影响的结果。中央集权是整体主义文化中强调整体的观念在行政权力划分上的表现：国家、民族、集体的利益高于个人。因此，在组织体制中权力向上层层集中，但又因为疆域的原因，中央不得不增加行政层级、实行巡视督察制度来加强对地方的控制。层级和集权之间的冲突和矛盾体现了整体和个体、中央和地方、集权和分权的矛盾，这些矛盾愈演愈烈，是历史上很多朝代行政机构臃肿、失灵甚至瘫痪的重要原因。

在行政文化和行政组织的合力作用下，行政人员的价值观和动机体现了对国家、对社会的奉献精神和在危急时刻的牺牲精神。这些精神成为个人融入组织并且维护组织稳定的重要因素。在中国的行政模式中，行政文化、行政组织和行政行为不是相互独立的部分，他们通过一定的关联机制相互影响、相互作用。行政文化通过科举制对普通社会人进行社会化，关于整体主义的基本价值观已经在行政人员进入行政系统之前传达给个人，激发个人进入行政系统的动机。通过考试制度的强化以及培训过程，行政人员具备了从事该项工作基本的角色观念和意识。因此，行政文化可以塑造行政行为，行政行为也可以对行政文化从"加强"和"创新"的两个方向进行反馈。中国行政模式能够正常运行离不开行政机制的维系。行政机制在行政模式中起到联系、维持其他组成部分的功能，通过协调行政文化、行政组织以及行政行为之间的关系来发挥作用。本书着重分析了行政模式中的激励机制、保障机制、控制机制、动员机制对行政模式的维系，每种机制都体现整体主义文化中强调道德和整体的基本观点和价值偏好。

二　研究展望

本书正是通过文化、组织、行为、机制四个部分，从历史和现实的角度，勾勒出整体主义视角下行政模式研究的基本框架。从公共行政学在中国的发展历程中可以看到，学者们将注意力集中于公共领域，并集中展开了一些关于政府角色、政府和社会的边界、公民权、民主、服务等问题的讨论，但在实际的行政管理实践中依然遇到了许多问题。究其原因，还是因为西方理论在中国的本土化遇到了困难，而中国也没有发展出特色化的行政理论。近年来已经有学者注意到这个现象，并且做出很多有益的研究。本书正是在此基础上试图扎根中国传统的历史和文化，综合其他因素，尝试对中国行政模式进行理论上的建构，希望对中国的实际行政过程有所帮助。

因此，伴随着现代化的进程，中国需要进一步完善科层制，完善组织基础和结构，提高组织自身的科技化和信息化程度，同时在行政机构的改革中要考虑整体主义特征，要在集权的前提下，适当调整行政层级和行政幅度的关系；在行政价值方面，除了适当借鉴西方行政理论下的民主、公平、效率等因素，也要注重传统整体主义行政文化中强调的道德、伦理等因素，这对维护政府形象和政府合法性，提高社会和公民对政府的认可程度有重要意义；在行政人员的培养和塑造方面，应当肯定整体主义文化中的奉献、为民、爱民的思想，在社会文化和行政文化的合力下，提高行政人员的整体道德素质，但同时也要改变传统行政机制中对行政人员只重视道德激励而缺乏物质激励的现象。只有同时在行政实践和行政理论中对中国传统的整体主义因素充分重视，才能有助于中国行政现实的发展。

参考文献

一 经典著作

薄一波：《若干重大决策与事件的回顾》（上），中共党史出版社，2008。

《汉书》，中华书局，1962。

北京大学哲学系外国哲学史教研室编《西方哲学原著选读》（上册），商务印书馆，1981。

陈鼓应注译《老子今注今译》，商务印书馆，2015。

（魏）王弼注《老子道德经注校释》，中华书局，2008。

陈鼓应注译《庄子今注今译》，中华书局，2009。

高亨注译《商君书注译》，中华书局，1974。

黄寿祺、张善文译注《周易译注》，上海古籍出版社，2007。

何宁撰：《淮南子集释》，中华书局，1998。

《论党的建设》，中央文献出版社，2001。

《马克思恩格斯选集》第4卷，人民出版社，1972。

沙少海、徐子宏注《老子全译》，贵州人民出版社，1989。

王国轩译注《大学·中庸》，中华书局，2007。

闫丽：《董子春秋繁露译注》，黑龙江人民出版社，2003。

杨伯峻译注《孟子译注》，中华书局，2005。

杨伯峻译注《论语译注》，中华书局，2006。

二 专著

（一）中国

陈胜粦：《林则徐与鸦片战争论稿》，中山大学出版社，1990。

冯友兰：《三松堂全集·新事论》，河南人民出版社，1986。

冯友兰：《三松堂全集·新原人》，河南人民出版社，1986。

冯友兰：《中国哲学简史》，天津社会科学院出版社，2005。

费孝通：《乡土中国》，人民出版社，2008。

（明）顾炎武：《日知录集释·俸禄》，中华书局，1984。

贾春增：《外国社会学史》（增订本），中国人民大学出版社，2000。

李宗桂：《中国文化导论》，广东人民出版社，2002。

梁漱溟：《中国文化要义》，江苏人民出版社，2001。

何怀宏：《选举社会及其终结——秦汉至晚清历史的一种社会学解释》，三联书店，1998。

刘长林：《中国系统思维》，中国社会科学出版社，1990。

孟森：《明史讲义》，中华书局，2009。

骈宇骞译注：《贞观政要》，中华书局，2011。

钱穆：《国史新论》，三联书店，2006。

唐君毅：《文化意识与道德理性》，中国社会科学出版社，2005。

王国维：《观堂集林》，河北教育出版社，2003。

王景伦：《毛泽东的理想主义和邓小平的现实主义——美国学者论中国》，时事出版社，1996。

（东汉）徐干：《中论·民数》，辽宁万有图书发行有限公司，2001。

严耕望：《中国政治制度史纲》，上海古籍出版社，2013。

余顿康：《周易现代解读》，华夏出版社，2006。

张中秋：《中西法律文化比较研究》，南京大学出版社，1999。

张岱年、程宜山：《中国文化与文化争论》，中国人民大学出版社，1990。

张岱年、方克立：《中国文化概论》，北京师范大学出版社，2015。

张帆：《"行政"史话》，商务印书馆，2007。

张金光：《秦制研究》，上海古籍出版社，2004。

张康之：《寻找公共行政的伦理视角》，中国人民大学出版社，2012。

张有智：《先秦三晋地区的社会与法家文化研究》，人民出版社，2002。

赵振宇、田立延：《激励论——发掘人力资源的奥秘》，华夏出版社，1995。

朱凤瀚：《商周家族形态研究》（增订本），天津古籍出版社，1997。

（二）外国

〔法〕E·迪尔凯姆：《社会学方法的规则》，狄玉明译，商务印书馆，1995。

〔奥〕波普尔：《历史决定论的贫困》，杜汝楫等译，华夏出版社，1987。

〔美〕戴维·伊斯顿：《政治生活的系统分析》，王浦劬译，人民出版社，2012。

〔美〕费正清、赖肖尔：《中国：传统与变革》，陈仲丹等译，江苏人民出版社，1992。

〔美〕费正清编《中国的思想与制度》，郭小兵等译，世界知识出版社，2008

〔美〕亨廷顿：《文明的冲突与世界秩序的重建》，周琪等译，新华出版社，2002。

〔英〕霍布斯：《利维坦》，黎思复译，商务印书馆，2008。

〔美〕刘易斯·A. 科赛：《社会学思想名家》，石人译，中国社会科学出版社，1990。

〔法〕莫里斯·韦迪尔热：《政治社会学——政治学要素》，杨祖功等译，东方出版社，2007。

〔美〕露丝·本尼迪克特：《文化模式》，何锡章等译，华夏出版社，1987。

〔德〕马克斯·韦伯：《社会科学方法论》，杨富斌译，华夏出版社，1987。

〔美〕迈克尔·罗斯金等：《政治科学》，林震等译，人民大学出版社，2001。

〔澳〕欧文·E. 休斯：《公共管理导论》，张成福等译，中国人民大学出版社，2011。

〔美〕墨子刻：《摆脱困境》，高华译，江苏人民出版社，1995。

〔英〕罗素：《西方哲学史（下卷）》，马元德译，商务印书馆，1963。

〔美〕斯蒂芬·P. 罗宾斯等：《组织行为学》，李原等译，中国人民大学出版社，2008。

〔美〕塔尔科特·帕森斯：《社会行动的结构》，张明德等译，译林出版社，2015。

〔美〕W. 理查德·斯科特等：《组织理论——理性、自然与开放系统的视角》，高俊山译，中国人民大学出版社，2011。

〔美〕许田波：《战争与国家形成：春秋战国与近代早期欧洲之比较》，徐进译，上海世纪出版集团，2009。

〔以色列〕S. N. 艾森斯塔特：《帝国的政治体系》，阎步克译，贵州人民出版社，1992。

〔美〕约翰·J. 麦休尼斯：《社会学》，风笑天译，中国人民大学出版社，2009。

三　文献资料

安乐哲等：《〈道德经〉与关联性的宇宙论——一种诠释性的语脉》，《求是学刊》2003 年第 2 期。

白锐：《现代化进程中的公共行政模式分析》，《中国行政管理》2004 年第 9 期。

蔡立辉：《论全球化背景下中国政府行政模式的转换》，《中山大学学报》（社会科学版）2002 年第 4 期。

陈强：《中国社会转型的哲学视角：从整体主义到半整体半个体主义》，《南昌大学学报》（人文社会科学版）2011 年第 4 期。

陈剩勇、张丙宣：《建国 60 年来中国地方行政区划和府际关系的变革与展望》，《浙江工商大学学报》2009 年第 5 期。

谌林：《整体主义时代"人的依赖关系"》，《学术交流》2013 年第 3 期。

成军：《中国古代地方行政层级嬗变及启示》，《行政管理改革》2010 年第 2 期。

程娅静：《传统整体主义思维的哲学思考》，《软件》2012 年第 8 期。

崔雪丽：《行政模式由压制型向回应型转变中的相关问题——对公民参与与国家行政权力的认识》，《无锡职业技术学院学报》2007 年第 1 期。

崔迎军：《儒家整体主义价值观的理论基石及其影响》，《长春理工大学学报》2011 年第 8 期。

崔卓兰、蔡立东：《从压制型行政模式到回应型行政模式》，《法学研究》2002 年第 4 期。

戴昌桥：《行政官僚行为动机理论的历史演化及其特质——基于人性假设视角分析》，《湖南科技大学学报》（社会科学版）2009 年第 1 期。

丁世俊：《列宁论"职业革命家"》，《党建研究》1990 年第 2 期。

董亚男：《回应型公共行政模式对行政正义的契合与实现》，《社会科学战线》2012 年第 10 期。

方雷：《政治科学研究方法的范式构建与应用层次》，《文史哲》2012 年第 6 期。

付春：《从帝国体系到民族国家：中华民族的形成与发展》，《广西民族研究》2009 年第 2 期。

郭济：《大力加强方法论研究切实提高公共行政管理的科学化水平——在全国公共行政管理方法论研讨会上的讲话（草）》，《全国首次公共行政管理方法论创新学术研讨会资料文集》，2004。

郭培贵：《明代举人数量及进士平均中试年龄考述》，《长江师范学院学报》2014 年第 5 期。

郭小聪、肖生福：《中国行政学学科建设：困境与出路》，《中国人民大学学报》2006 年第 6 期。

郭小聪、肖生福：《中西行政学研究方法论建设比较分析》，《江西社会科学》2007 年第 1 期。

何捷：《专制主义中央集权制度在我国封建社会发展中的历史作用》，《西南农业大学学报》（社会科学版）2011 年第 8 期。

洪威雷、黄华：《服务行政——21 世纪中国行政管理的方向选择》，《湖北大学学报》（哲学社会科学版）2001 年第 2 期。

胡杨、白云笑：《试论我国服务行政模式的选择》，《人民论坛》2013 年第 14 期。

华仁康：《建国初期大行政区的演变》，《沧桑》2011 年第 1 期。

黄爱宝：《从后工业社会的服务行政构想看生态行政创新》，《南京师大学报》（社会科学版）2010 年第 4 期。

黄思思：《中国古代中央行政管理体制沿革略论》，《中南财经政法大学研究生学报》2007 年第 5 期。

黄文艺：《论政府行政模式的转变》，《政治与法律》2000 年第 5 期。

黄中业：《西周分封制在历史上的进步作用》，《社会科学战线》1986 年第 3 期。

姜丽萍：《中国整体主义思想的溯源及现实意义》，《现代企业教育》2007 年第 24 期。

蒋硕亮：《国家公务员激励机制研究》，《中国行政管理》2003 年第 6 期。

赖瑞和：《唐代使职的定义》，《史林》2012 年第 2 期。

李金泽：《中国人的关系意识与中国社会的法化》，《法制与社会发展》1999 年第 2 期。

李祥俊：《本体论与中国传统哲学的终极探求》，《阴山学刊》2006 年第 6 期。

李昕：《社会转型中公共行政模式的变迁》，《首都师范大学学报》（社会科学版）2003 年第 3 期。

李昱祺：《社会学整体主义方法论的批判》，《知识经济》2012 年第 11 期。

刘俊生：《从权力行政到服务行政》，《云南行政学院学报》2000 年第 4 期。

刘晓虹：《整体主义与个人主义之争：西方哲学的一条重要线索》，《学术界》1999 年第 6 期。

刘晓虹：《试论中国传统价值体系中的整体主义及其在近代的变革》，《兰州大学学报》2000 年第 5 期。

吕明灼：《义利之辨：一个纵观古今的永恒主题》，《齐鲁学刊》2006 年第 6 期。

马卫东：《大一统源于西周封建说》，《文史哲》2013 年第 4 期。

毛桂荣：《"行政"及"行政学"概念的形成：中国与日本》，《中国公共管理论丛》2013 年第 1 辑。

宁志新：《唐朝使职若干问题研究》，《历史研究》1999 年第 2 期。

宁可：《中国封建社会的专制主义中央集权制度》，《文史哲》2009 年第 1 期。

欧阳萍：《生态人类学中的历史研究法》，《长沙大学学报》2011 年第 4 期。

潘云勇：《从秦官制的变革看秦统一的原因》，《商丘职业技术学院学报》2008 年第 3 期。

彭校：《从"和而不同"看周代的政治体制》，《乐山师范学院学报》2014 年第 2 期。

潘杰：《古人治水与民族精神》，《国学》2011 年第 8 期。

齐明山：《公共行政模式的变革——走向人本行政模式》，《云南行政学院学报》2006 年第 3 期。

邱实：《我国生态行政模式建设探析》，《现代商贸工业》2012 年第 24 期。

任晓林：《从多重跨越到多元共生：中国公共行政价值的基本特征》，《云南行政学院学报》2002 年第 2 期。

芮国强：《行政学方法论：内涵与结构》，《中国行政管理》2008 年第 9 期。

孙建伟：《内圣外王与中庸之道——基于〈中庸〉文本及其诠释著作的考察》，《江汉论坛》2015 年第 2 期。

田智、罗俐琳：《对中西伦理思想中整体主义发展的思考》，《湖北大学学报》（哲学社会科学版）2005 年第 4 期。

王岩：《冲突·契合·超越：个人主义与整体主义比较研究——兼论社会主义市场经济条件下的主导价值观建构》，《毛泽东邓小平理论研究》2005 年第 6 期。

尉鹏阳、孟令轲：《行政人格的塑造是行政体制改革不可忽略的一个重点》，《科技智囊》2015 年第 12 期。

尉鹏阳、孙津：《儒家思想对古代文官制度的影响及当代启示》，《中共山西省委党校学报》2014 年第 5 期。

夏伟东：《论西方个人主义》，《学习与探索》1990 年第 6 期。

萧伯符、汤建华：《法家思想体系论略》，《法学评论》2003 年第 4 期。

谢庆奎、杨宏山：《对我国地方行政层级设置的思考》，《红旗文稿》2004 年第 4 期。

徐邦友：《入世后中国政府行政模式的创新》，《行政论坛》2002 年第 1 期。

徐邦友：《社会变迁与政府行政模式转型》，《浙江学刊》1999 年第 5 期。

薛明扬：《论唐代使职的功能与作用》，《复旦学报》（社会科学版）1990 年第 1 期。

杨宽：《西周中央政权机构剖析》，《历史研究》1984 年第 1 期。

杨尚昆：《回忆高饶事件》，《党的文献》2001 年第 1 期。

杨胜利、李波：《整体主义与个人主义——中西文化价值观比较》，《辽宁工程技术大学学报》（社会科学版）2000 年第 3 期。

杨恕、王欢：《春秋时期诸侯国是独立主权国家吗？——与叶自成先生商榷》，《中国边疆史地研究》2005 年第 4 期。

杨伟涛：《论集体主义原则对整体主义思想的超越》，《西南师范大学学报》（人文社会科学版）2002 年第 4 期。

杨正香：《从早期历史看中国和西欧历史的走向》，《江汉论坛》2002 年第 5 期。

周晓虹：《唯名论与唯实论之争：社会学内部的对立与动力——有关经典社会学发展的一项考察》，《南京大学学报》（哲学·人文科学·社会科学版）2003 年第 4 期。

张永缜：《权力本位：中国现代化的绊脚石》，《理论导刊》2001 年第 2 期。

张羽佳：《董仲舒"天人合一"的政治理念及其当代困境》，《中共南京市委党校南京市行政学院学报》2007 年第 3 期。

张晋藩：《中国古代文官制度综论》，《中国社会科学》1989 第 2 期。

张康之：《论行政发展的历史脉络》，《四川大学学报》（哲学社会科学版）2006 年第 2 期。

张康之：《论组织运行中的控制悖论》，《浙江社会科学》2013 年第 6 期。

张康之：《走向现代化的行政价值选择》，《国家行政学院学报》2000年第 6 期。

张美、袁建锋：《服务行政模式对官僚制的借鉴与超越》，《台声·新视角》2005 年第 2 期。

张荣明：《西周地方行政制度辨析》，《烟台师院学报》（哲学社会科学版）1987 年第 2 期。

张淑君：《生态行政模式下环境政策制定和执行的创新》，《南京师大学报》（社会科学版）2010 年第 4 期。

赵绢明：《论以德治为基础的服务行政模式》，《沈阳大学学报》2009年第 2 期。

赵汀阳：《共在存在论：人际与心际》，《哲学研究》2009 年第 8 期。

郑迎春：《社会科学方法论的个体主义与整体主义辨析》，《科教文汇》（下旬刊）2007 年第 5 期。

仲崇盛：《论人本行政与社会主义和谐社会的构建》，《天津师范大学学报》（社会科学版）2006 年第 2 期。

曾狄：《"政治人"假设的丰富内涵和价值》，《西南民族大学学报》（人文社科版）2005 年第 1 期。

四　学位论文

陈世香：《行政价值体系的历史——生态研究》，博士学位论文，武汉大学政治与公共管理学院，2004。

李传军：《管理主义政府模式的终结》，博士学位论文，中国人民大学公共管理学院，2003。

谢伟峰：《从血缘到地缘：春秋战国制度大变革研究》，博士学位论文，陕西师范大学历史文化学院，2013。

修卿善：《我国巡视监察制度的变迁及其模式创新研究》，博士学位论文，兰州大学管理学院，2011。

朱颖慧：《行政激励的理论逻辑与实践范式》，博士学位论文，武汉理工大学文法学院，2013。

邹洪凯：《党内监督科学化研究》，博士学位论文，苏州大学马克思主义学院，2014。

张金山：《先秦儒家和谐管理思想》，博士学位论文，东北财经大学富虹经济学院，2012。

五 外文文献

Dornad. J. Munor, *Individualism and Holism*：*Studies in Confucion and Taoist Valuse* （Ann Arbor：University of Michigan Center for Chinese Studies，1985）.

Herbert Spancer, *Social Statics* （New York：Robert Schalkenbach Foundation，1954）.

Robert Dahl，"The Science of Public Administration：Three Problems,"*Public Administration Review* 1 （1947）.

Salamon，Lester M. ed.，*The tools of Government*：*A Guide to the New Government* （New York：Oxford University Press，2002）.

John M. Brjson，Barbara C. Crosby，Laura Bloomberg，"Public Value Governance：Moving Beyond Traditional Public Administration and the Public Management," *Pulic Administration Review* 74 （4） （2014）.

图书在版编目（CIP）数据

中国行政模式的特征：一种整体主义视角／尉鹏阳
著． -- 北京：社会科学文献出版社，2018.2
ISBN 978 - 7 - 5201 - 1995 - 5

Ⅰ.①中…　Ⅱ.①尉…　Ⅲ.①国家行政机关 - 行政管
理 - 模式 - 研究 - 中国　Ⅳ.①D630.1

中国版本图书馆 CIP 数据核字（2017）第 314567 号

中国行政模式的特征
——一种整体主义视角

著　　者／尉鹏阳

出 版 人／谢寿光
项目统筹／周　琼
责任编辑／周　琼　张　娇

出　　版／社会科学文献出版社·社会政法分社（010）59367156
　　　　　地址：北京市北三环中路甲 29 号院华龙大厦　邮编：100029
　　　　　网址：www. ssap. com. cn
发　　行／市场营销中心（010）59367081　59367018
印　　装／三河市尚艺印装有限公司

规　　格／开　本：787mm × 1092mm　1/16
　　　　　印　张：12　字　数：192 千字
版　　次／2018 年 2 月第 1 版　2018 年 2 月第 1 次印刷
书　　号／ISBN 978 - 7 - 5201 - 1995 - 5
定　　价／59. 00 元